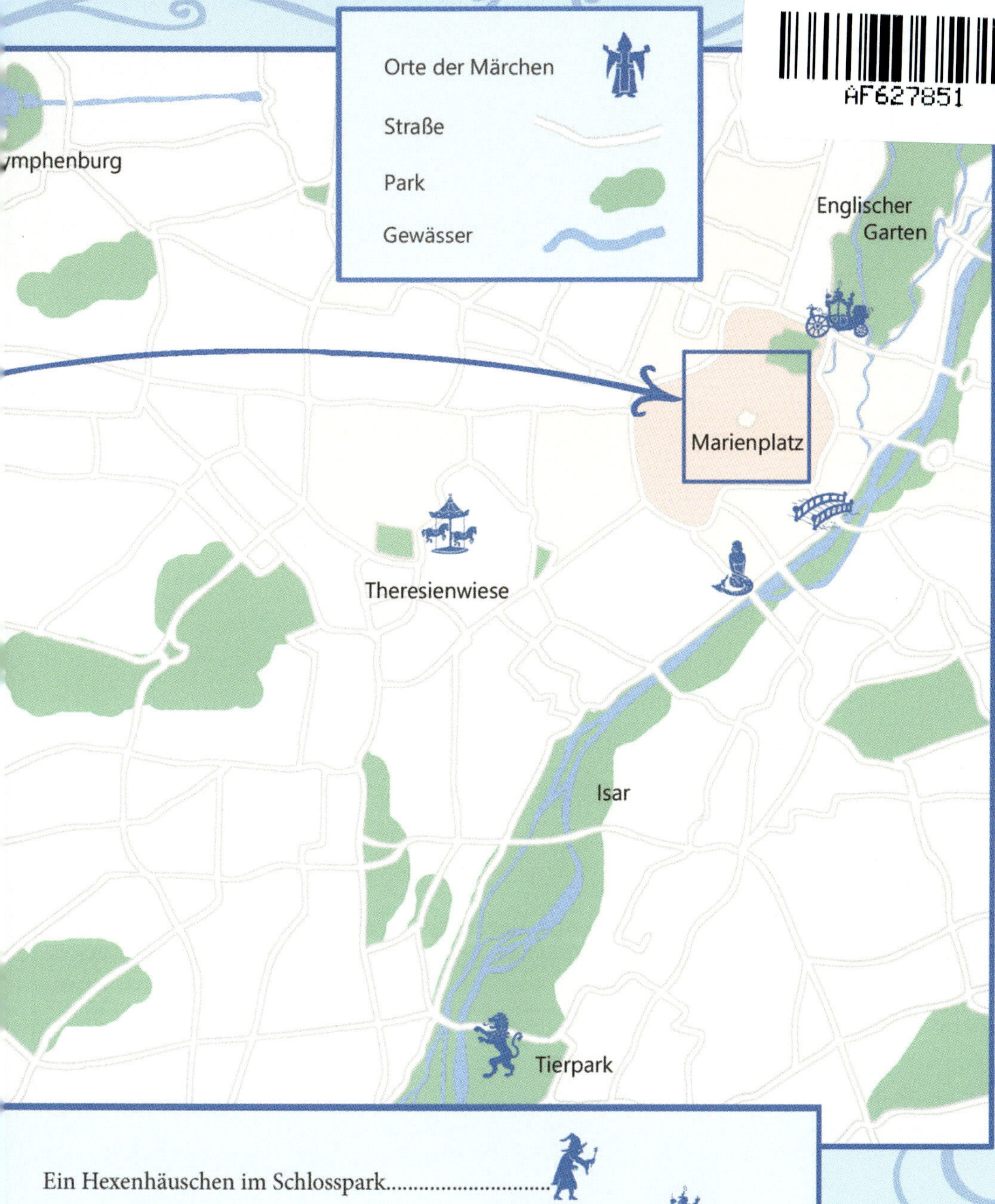

Ein Hexenhäuschen im Schlosspark

Der mutige Kutscher

Der geizige Kaufmann

Das erste Oktoberfest

Die Glückslöwen

Die Brotzeit - eine bayerische Erfindung

Das dicke Gespenst vom Maxtor

Wie die Weißwurst erfunden wurde

Barbara van den Speulhof
Michaela Hanauer

Das Münchener Märchenbuch

Sagen, Legenden und Märchen
aus München neu erzählt

mit Illustrationen
von Gisela Specht

marzellen
verlag

Bibliografische Information der Deutschen Nationalbibliothek
Die Deutsche Nationalbibliothek verzeichnet diese Publikation
in der Deutschen Nationalbibliografie;
detaillierte bibliografische Daten sind im Internet
über http://dnb.de abrufbar.

4. Auflage

Umschlag und alle Illustrationen: Gisela Specht
Satz/Layout: Redaktionsbüro Tewes, Köln
Lektorat: Ruth und Detlef Reich, Köln
Druck: Druckerei Florjancic

Printed in EU.
ISBN 978-3-937795-60-7

www.marzellen-verlag.de

Inhalt

Es war einmal ...

Die Sagen, Legenden und Geschichten in München sind jahrhundertealt und doch zum Greifen nah. Immer wieder wurden sie im Volksmund weitererzählt und irgendwann aufgeschrieben. So zeigen sie eine wunderbare Sagen- und Erzählungswelt über die Jahrhunderte auf.

Die Schauplätze des „Münchener Märchenbuches“ könnt ihr auch heute noch besichtigen und dort viel über die Vergangenheit des jeweiligen Ortes erfahren. Am Ende jedes Märchens wird auf einem solchen Pergament erklärt, welche Orte aus den Geschichten ihr euch heute noch anschauen könnt. Jedes Märchen hat sein eigenes Symbol, das ihr auf dem Lageplan im Einband des Buches wiederfindet. So könnt ihr euch selbst auf Zeitreise begeben und den Spuren der Münchener Geschichten folgen.

Woher der Name München kommt

Es geschah zu der Zeit, als die Hunnen, ein unerschrockenes Reitervolk aus dem Osten, auf ihren Kriegszügen das heutige Bayern heimsuchten. Es soll Ende des ersten Jahrtausends gewesen sein, als das Heer unter Markgraf Luitpold den Hunnen unterlag und diese ungehindert in bayerische Gebiete ziehen konnten. Die Kunde ihrer Gräueltaten verbreitete sich schnell und erreichte sogar weit abgelegene Orte. Auf diese Weise erfuhren auch die Mönche eines Benediktinerklosters bei Schäftlarn im Isartal, dass ihnen durch die Hunnenkrieger Gefahr drohen könnte.

Der Abt, der dem Kloster schon lange vorstand, rief alle Brüder zusammen und berichtete in aller Ausführlichkeit, was ihm zugetragen worden war.

„Ich fürchte, wir werden uns gegen diese wilden Reiter nicht verteidigen können“, schloss der Abt mit sorgenvoller Miene.

„Wie denn auch?!“, rief der Jüngste der Mönche erhitzt. „Wir haben keine Übung im Verteidigen. Mit Gebeten werden wir sie wohl nicht aufhalten können.“

Einige Mitbrüder senkten die Köpfe, hatte doch der Jüngste noch nicht gelernt, seine Zunge im Zaum zu halten und sich den klösterlichen Regeln zu unterwerfen, zu denen auch Bescheidenheit zählte. Einige stimmten dem forschen Mitbruder aber insgeheim zu. Eine nachdenkliche Stille machte sich breit.

„Wie man hört, können die Kämpfer dieses Reitervolks aus vollem Galopp heraus mit Pfeil und Bogen schießen!“, rief der Jüngste mit vor Angst funkelnden Augen. „Und, wie man hört ...“

Die Stimme des jungen Mönchs versagte.

Der Bruder neben ihm legte beruhigend die Hand auf seinen Arm.

Der Junge schluckte. „Wie man hört“, fuhr er fort, „treffen sie immer! Und jeden!“

Ein Raunen ging durch die Reihen, dem der Abt mit erhobener Hand Einhalt gebot.

„Ob dies der Wahrheit entspricht oder ob es bloß das Gerede einfältiger Menschen ist, wissen wir nicht“, kommentierte er. „Lasst uns mit kühlem Kopf darüber nachdenken, was zu tun das Beste wäre.“

„Wir sollten das Kloster für einige Zeit verlassen“, schlug Bruder Quirin vor. „In den Wäldern ringsum können wir uns einen Unterschlupf suchen und warten, bis alles vorbei ist.“

Einige Brüder nickten, andere blieben skeptisch.

„Aber was ist, wenn sie uns auch dort entdecken?“, wand Bruder Bernhard ein. „In den Wäldern gibt es keine Klostermauern, die uns schützen könnten.“

Und so ging es in einem fort. Vorschläge wurden unterbreitet, denen einige beipflichteten und andere widersprachen.

Manche meinten, sie sollten bleiben, das Kloster läge so abgelegen in der Talsenke, dass niemand es finden könnte. Andere wollten das Risiko nicht eingehen und sich lieber woanders Schutz suchen.

Nachdem lange keine Einigung erzielt werden konnte, ergriff der Abt das Wort: „Den klösterlichen Regeln kann man hier wie dort folgen. Ein jeder von euch möge also für sich selbst entscheiden, was er zu tun gedenke. Rät ihm sein Gewissen, zu bleiben, möge er dem folgen. Rät es ihm, an einem anderen Ort Unterschlupf zu suchen, so ist es auch recht.“

Ein weiser Entscheid, so fanden die Brüder, und sie folgten dem, was ihnen nach stiller Einkehr als das Richtige erschien.

So kam es, dass ein Teil der Brüder im Kloster verblieb, in der Hoffnung, den Krieg dort unbeschadet überstehen zu können. Ein anderer Teil jedoch zog los, um sich isarabwärts in der Abgeschiedenheit der Wälder eine neue Bleibe zu suchen.

Sie fanden einen abgelegenen Platz im Wald, der nahe der Isar lag. Brauchten sie doch das Wasser als lebensspendende Quelle für sich selbst wie auch für Tiere und Pflanzen.

Sie errichteten eine bescheidene Hütte aus dem Holz, das ihnen der Wald schenkte. Sie bauten Getreide und Gemüse an und nährten sich obendrein von all dem, was Wald und Wiese für sie bereithielt. Sie gingen ihrem Tagwerk nach, sie hielten Gottesdienste ab, sie beteten und taten auch ansonsten alles, was zu tun sich für Mönche geziemte.

Inzwischen tobte der Krieg auch unweit ihrer Klause. Der Kaiser und sein Heer ließen nichts unversucht, um die Angreifer zurückzudrängen und in die Flucht zu schlagen. Lange, erbitterte Kämpfe wurden ausgefochten, bis es schließlich gelang, den Krieg zu beenden, und wieder Frieden im Lande einkehren zu lassen.

Eines Tages kam ein Bauer, dessen Felder an die der Mönche angrenzten, und klopfte an ihre Tür. Obwohl er, genau wie sie, mit seiner Familie in einer Einöde lebte, hatte ihn eine Nachricht erreicht, die er den Mönchen nicht vorenthalten wollte.

„Der Kaiser schickt berittene Boten durchs Land“, sagte der freundliche kleine Mann mit den schwieligen Händen. „Die frohe Kunde sollt auch ihr erfahren“, fuhr er fort. „Der Krieg hat ein Ende genommen.“

Die Mönche waren außer sich vor Freude ob der Glück verheißenden Friedensnachricht. Sie bedankten sich mit einem Korb voll Honig, Brot und

Käse und ließen den Bauern erst nach Hause gehen, nachdem sie ihn und seine Familie gesegnet hatten.

Der Entschluss der Mönche stand fest. Umgehend wollten sie zu ihren Brüdern ins Kloster Schäftlarn zurückkehren.

Die Vorfreude auf ein Wiedersehen ließ sie in Windeseile die nötigsten Sachen zusammenpacken und den Weg zurück nach Hause antreten.

Doch je näher sie dem Kloster kamen, umso erschreckender waren die Bilder, die sie erwarteten. Sie sahen niedergebrannte Häuser, ausgeplünderte Höfe und menschenleere Dörfer. Eine böse Ahnung ließ sie erschaudern und trieb sie an, noch schneller zu gehen.

Noch ehe sie das Kloster mit eigenen Augen sehen konnten, nahmen sie den unheilverkündenden Geruch der Brandschatzung wahr, der in der Luft lag. Aus der Ahnung wurde Gewissheit, als sie näher kamen und schließlich erkennen mussten, was geschehen war: Das Kloster lag in Schutt und Asche.

Doch nicht nur das. Alle Ordensbrüder waren ohne Ausnahme ermordet worden.

Die traurige Pflicht, die Brüder zur letzten Ruhe zu betten, erfüllten sie in ehrfürchtigem Schweigen.

Die Rückkehrer beschlossen, im Angedenken an die Opfer der Grausamkeiten, das Kloster wiederaufzubauen. Das Land um ihre frühere Zufluchtsstätte bewirtschafteten sie jedoch weiterhin. Hatten sie doch Gefallen an diesem wundervollen Fleckchen Erde gefunden, das sie mit ihrer Hände Arbeit urbar gemacht hatten, das ihnen Heimstatt gewesen war und Sicherheit geboten hatte.

Als die Bevölkerung gewahr wurde, dass die Klosterbrüder eine zweite Wirkungsstätte hatten, nannte sie diesen Ort fortan „Bei den Mönchen".

München

Im Laufe der Jahre entstand aus dem Wort „Mönchen" die Ortsbezeichnung „Munichen", später „München".

Wer hätte damals ahnen können, dass aus dieser kleinen Ansiedlung einmal die heutige Großstadt München erwachsen sollte?

Also haben eigentlich die Mönche München gegründet. Kein Wunder, dass auf dem Stadtwappen noch heute ein Mönch mit schwarzer Kutte, goldener Borte und roten Schuhen zu sehen ist. Allerdings nahm das Abbild im Laufe der Zeit immer kindlichere Züge an und wurde so zum Münchner Kindl.

Lebendig wird das Münchner Kindl unter anderem zur Eröffnung des Oktoberfests. Eine junge Münchnerin in schwarzgoldener Kutte führt den Festzug an. Stellt euch vor, die Erste, die als 17-Jährige offiziell beim Oktoberfestumzug in diese Rolle geschlüpft ist, war Ellis Kaut, die später berühmt wurde als Autorin vom Pumuckl. Aber auch jeder und jede in München Geborene wird als Münchner Kindl bezeichnet.

Ihr findet das Wappen an ganz vielen Stellen z. B. Hauswänden, Trambahnwagen (so nennt man die Straßenbahn), Kanaldeckeln, Postkarten oder Plakaten. Haltet die Augen offen und zählt mit, wie viele Münchner Kindl ihr entdecken könnt!

Am besten startet ihr die Suche am Marienplatz, und schaut auf die Spitze des neuen Rathausturms, dort in 85 Metern Höhe steht ein Münchner Kindl!

Der Brückenstreit

Heinrich der Löwe wurde bereits mit 13 Jahren zum Herzog von Sachsen ernannt. Und als er 27 Jahre alt war, wurde ihm auch das bayerische Herzogtum zugesprochen. Schon im ersten Jahr der Übernahme des bayerischen Herzogtums soll der Streit zwischen Herzog Heinrich und dem Bischof Otto von Freising begonnen haben.

Zu Beginn seiner Regentschaft rief Herzog Heinrich alle Berater zu sich, um sich Bericht erstatten zu lassen. Wie hoch die Einnahmen des Herzogtums seien und wie sie sich zusammensetzten, wollte er wissen. Einer nach dem anderen trat vor und legte genauestens dar, was in seinen Büchern stand.

Als der letzte geendet hatte, fragte Herzog Heinrich: „Und was ist mit dem Brückenzoll der Brücke bei Föhring? Wenn ich recht weiß, dann führt die Salzhandelsstraße über diese Brücke. Darüber hat keiner von euch auch nur ein Wort verloren!"

Betreten sahen die Berater zu Boden. Alle wussten, sie mussten dem Herzog die Wahrheit sagen.

„Eure Hoheit, die Einnahmen aus dem Brückenzoll stehen dem Bischof zu. Schon seit die Brücke errichtet wurde", sagte schließlich einer.

„Warum ihm? Sie sollten mir als dem rechtmäßigen Herzog von Bayern zufließen!" Der Herzog schlug so heftig mit der Faust auf den Tisch, dass alle fürchteten, er würde sogleich in zwei Teile zerbrechen. „Das muss ein Ende haben!"

Der Herzog forderte die genauen Zahlen. Und wie er bereits vermutet hatte, waren die Gewinne, die der Brückenzoll abwarf, tatsächlich sehr hoch. Die Brücke lag auf der wirtschaftlich so bedeutenden Salzhandelsstraße. Und Salz war zur damaligen Zeit so wertvoll wie Gold, weite Wege wurden unternommen, um es zu transportieren.

Erzürnt scheuchte der Herzog seine Berater hinaus. Es ärgerte ihn doch sehr, dass er als Landesvater auf diese Gewinne verzichten sollte. Stundenlang lief er auf und ab und sann darüber nach, wie er in Besitz der Einnahmen kommen könnte. Der Helligkeit nach, die durch das Fenster schien, muss es früher Morgen gewesen sein, als ihm eine Idee in den Sinn kam.

Noch am selben Tag ließ sich der Herzog von seinem Kutscher zur Brücke bei Föhring bringen. Nachdem er das bunte Treiben eine Weile beobachtet hatte, verschwand er im Haus des Brückenwächters und blieb dort lange Zeit. Der Kutscher wunderte sich, was sein Herr dort so lange tat. Und noch mehr wunderte er sich, als er in bester Laune zurückkehrte und die sofortige Heimreise befahl.

„Das wäre erledigt“, soll der Herzog gesagt haben und dabei äußerst zufrieden geschaut haben. Das erzählte der Kutscher später hinter vorgehaltener Hand seinem besten Freund. Was er damit wohl gemeint hatte? Die beiden konnten sich keinen Reim darauf machen.

Tage und Wochen vergingen, ohne dass der Herzog noch einmal auf den Brückenzoll zu sprechen kam. Doch dann erreichte den Hof die Kunde, die Brücke bei Föhring sei in der Nacht zerstört worden.

„Was für ein Pech!“, rief der Herzog, als er dies hörte. „Dann müssen wir wohl oder übel eine neue Brücke errichten.“

Er ließ die besten Baumeister und Handwerker kommen und beauftragte sie mit dem Brückenbau. Nicht bei Föhring sollte das Bauwerk entstehen, sondern nahe der Mönchssiedlung Munichen. Schnell sollten sie arbeiten, denn der Salzhandel dürfe nicht zum Erliegen kommen, meinte der Herzog.

Und so kam es, dass die neue Brücke bald ihrer Bestimmung übergeben werden konnte. Die Salzhandelsstraße nahm nun den Weg über diese Brücke bei Munichen. Die Einnahmen aus dem Brückenzoll, so befahl es der Herzog, stünden ab sofort ihm zu. Die Brücke soll sich am „gachen Steig“, heute Gasteig, ungefähr auf Höhe der heutigen Ludwigsbrücke befunden haben.

Die Übeltäter, die die alte Brücke zerstört hatten, wurden fieberhaft gesucht, aber niemals gefunden. Einzig der Kutscher und sein bester Freund dachten sich ihren Teil. Ihre Vermutung laut auszusprechen, der Herzog könnte selbst die Brückenzerstörung beauftragt haben, wagten sie jedoch nicht. Wussten sie doch, dass sie sich damit um Kopf und Kragen hätten bringen können.

Mit dem Bau der neuen Brücke entbrannte zwischen dem Bischof und Herzog Heinrich ein erbitterter Streit, der nicht zu einer friedlichen Lösung kam.

Aufgebracht wandte sich der Bischof von Freising an Kaiser Friedrich I., genannt Friedrich Barbarossa. Der Kaiser selbst sollte den Streit schlichten und entscheiden, wer die Zölle künftig vereinnahmen dürfte.

Es dauerte zwei Jahre, bis Kaiser Barbarossa die Brückenverlegung für rechtens erklärte. Er legte aber auch fest, dass dem Bischof als Ausgleich ein Drittel aller künftigen Zolleinnahmen zustehen sollten. Gleichzeitig verlieh Barbarossa mit dem Zoll- und Münzrecht auch das Marktrecht für den Ort Munichen.

Ab diesem Tag wurde der Salzhandel von Reichenhall und Hallein nach Südwestdeutschland und in die Schweiz ganz offiziell über Munichen geleitet. Diese Zolleinnahmen begründeten den Aufschwung der Stadt, die aus einer kleinen Mönchssiedlung erwachsen war.

Die Entscheidung, dass München die Brücke und Heinrich die Zolleinnahmen behalten durften, besiegelte der Kaiser am 14. Juni 1158 im sogenannten „Augsburger Schied" (heute: „Augsburger Vergleich"). Dieses Datum gilt bis heute als Gründungsdatum der Stadt.

Wer Heinrich den Löwen sehen will, findet seine überlebensgroße Statue am Alten Rathaus auf der Seite vom Tal.

Seine Originalbrücke gibt es heute nicht mehr, aber an ihrer Stelle führt die Ludwigsbrücke über die Isar. Es lohnt sich, über diese Brücke zu gehen, denn auf der „anderen" Seite befindet sich das Deutsche Museum, in dem man Natur und Wissenschaft nicht nur anschauen, sondern miterleben kann, das Müllersche Volksbad, ein wunderschönes Jugendstilbad und der Gasteig, Münchens Kulturzentrum, in dem von Büchern, Musik, Theater, Filmen bis Ausstellungen allerlei geboten wird.

Wie Herzog Heinrich seinen Löwen fand

Nicht nur ein einflussreicher Herrscher, auch ein furchtloser Abenteurer soll Herzog Heinrich gewesen sein und ein stattlicher Mann: Er war gut gebaut, von mittlerer Größe und ungewöhnlicher Körperkraft. Er hatte starke Züge, große schwarze Augen und die Haare näherten sich dem Schwarz. Auf einem seiner Streifzüge durch ferne Länder, machte der Furchtlose auch vor einem dichten Urwald nicht Halt. Ungeachtet aller Gefahren, die auf ihn lauern könnten, wollte er allein und zu Pferde das unbekannte Gebiet erkunden.

Wer nun glaubt, in einem Urwald sei es still, der irrt gewaltig. Unbekannte Vogelstimmen erfüllten die Luft, allerlei Getier raschelte im Unterholz und in den Baumkronen und gab fremd klingende Laute von sich. Wie eine Symphonie des Urwalds fügten sich alle Töne und Geräusche zu einer Harmonie zusammen, die Heinrichs Ohren überaus schmeichelte.

Doch plötzlich zerriss ein lautes Gebrüll den fein gewebten Teppich aus fremdartigen Klängen. Jedem, der das Fürchten gelernt hatte, wäre auf der Stelle das Blut in den Adern gefroren.

Anders Herzog Heinrich. Ohne Zögern, zückte er sein Schwert und lenkte sein Pferd im Galopp dorthin, wo das grässliche Getöse herkam.

An einer kleinen Waldlichtung angekommen, wollte er seinen Augen kaum trauen. So ein Schauspiel hatte er noch nie gesehen. Ein majestätischer Löwe kämpfte mit einem riesengroßen Drachen, der aussah, als wäre er der finstersten Unterwelt entsprungen. Mit derselben Furchtlosigkeit wie auch Heinrich sie besaß, verbiss sich der Löwe in den Hals des Drachen, der nun mit aller Gewalt versuchte, seinen Widersacher abzuschütteln.

Heinrich erkannte schnell, dass jedes der Tiere sein eigenes Leben verteidigte und gleichzeitig das Leben des Gegners auslöschen wollte. Der Drache schlug mit seinen mächtigen Pranken auf den Löwen ein und verletzte ihn schwer. Blut sickerte aus seinen Wunden und färbte sein Fell rot. Tapfer und unerbittlich kämpfte der Löwe weiter, bis seine Kraft angesichts des übermächtigen Gegners nachzulassen schien und seine Hiebe den schuppigen Panzer des Ungeheuers kaum mehr zu durchdringen vermochten.

Heinrich ahnte, dass der Löwe sein Leben wohl bald verlieren würde und zögerte nicht länger. Mit einem markerschütternden Kampfesschrei preschte er vorwärts und trieb sein Schwert mit einer solchen Kraft in den Schuppenpanzer des Drachen, dass der kraftlos niedersank und seine letzten Atemzüge tat. Das Ungeheuer war besiegt. Der verletzte Löwe kroch zu Heinrich und legte sich zu seinen Füßen nieder. Dort blieb er erschöpft liegen.

Der Herzog teilte in den folgenden Tagen seine Wasser- und Nahrungsvorräte mit dem verletzen Tier und pflegte es gesund. Nachdem die Wunden verheilt waren, die der Drache ihm beigebracht hatte, beschützte der Löwe seinen Lebensretter bei Tage und wachte des Nachts über seinen Schlaf.

Viele Tage durchstreiften Heinrich und sein Löwe die Wildnis und erkundeten die Geheimnisse des Dschungels. Doch mit einem Mal überkam Heinrich große Sehnsucht nach seiner Heimat. Ein Floß wollte er sich bauen, das ihn über das weite Meer nach Hause bringen sollte. Seinen Freund, den Löwen, wollte er jedoch zurücklassen. Konnte er sich doch nicht vorstellen, dass er die weite Reise überstehen und sich in einem für ihn fremden Land zurechtfinden würde.

Als der Löwe eines Tages einmal wieder auf Jagd ging, nutzte Heinrich die Gelegenheit und ließ sein Floß zu Wasser. Doch der Löwe kam früher als gedacht zurück. Er sah seinen Herrn auf dem Floß im Meer treiben. Sofort ließ er seine Beute fallen, stürzte sich in die Fluten und schwamm zu ihm.

Heinrich war zutiefst gerührt. Er dankte dem treuen Tier und schickte es nicht zurück. Die weitere Reise wurde nicht weniger abenteuerlich als alles, was Heinrich zuvor erlebt hatte. Denn schon bald kam Sturm auf und die raue See warf das Floß auf den Wellen hin und her als wäre es aus Papier gefaltet. Heinrich und sein Löwe hatten alle Mühe, an Bord zu bleiben und nicht ins Wasser zu rutschen.

Als schließlich die letzte Brotkrume gegessen und der letzte Tropfen Wasser getrunken war, schickte Heinrich Stoßgebete zum Himmel und bat inständig um seine und des Löwen Rettung. Er tat dies ohne Unterlass, vom frühen Morgen bis zum späten Abend. Selbst in tiefer Nacht flehte er um Gnade und Erlösung. Aber keins seiner Gebete fand Gehör.

Als nach weiteren Tagen noch immer kein Land in Sicht war, glaubte sich Heinrich mitsamt seinem Reisefährten endgültig dem Tod geweiht. Mit dieser Erkenntnis überkam ihn plötzlich so große Wut, dass er im selben Moment aufhörte zu beten. Stattdessen schickte er die schlimmsten Flüche zum Himmel, die man sich nur ausdenken kann.

Und diese Flüche wurden gehört. Nicht vom himmlischen Schöpfer, sondern vom Teufel höchstselbst. Der erschien auch sogleich, um sich über Heinrich und seine missliche Lage lustig zu machen.

„Statt als Held hoch zu Ross und im Kampf dein Leben zu lassen, stirbst du einsam und elendiglich dort, wo niemand dich sieht. Dabei sitzen deine Untertanen zu Hause in warmen Gemächern, schlagen sich die Mägen voll und lassen es sich gutgehen. Was für ein armer Tropf du doch bist!", feixte der Teufel.

Das schürte den Zorn Heinrichs umso mehr. Sofort wolle er erlöst werden, rief er dem Teufel entgegen. Dem schien Heinrichs Wut zu gefallen. Natürlich könne er ihm helfen, meinte er. Nur eine kleine Gegenleistung wolle er für seine Dienste haben.

Heinrich schwante Böses. „Verlange, was du willst, nur meine Seele bekommst du nicht!", schrie er und wusste doch insgeheim, dass er keine andere Wahl hatte, als sich mit dem Teufel auf einen Handel einzulassen.

Der Leibhaftige versprach ihm, ihn zurückzubringen. Nachdem er ihn abgesetzt hatte, würde er zurückfliegen und den Löwen holen.

„Was willst du dafür?", fragte Heinrich misstrauisch.

„Nun, nur eine Kleinigkeit", antwortete der Teufel. „Du musst wach sein, wenn ich dir den Löwen bringe."

Das sollte doch zu schaffen sein, dachte Heinrich bei sich und willigte ein.

Kaum, dass er sich versah, packte ihn der Teufel und brachte ihn nach Hause. Bevor er sich wieder aufmachte, belegte er Heinrich jedoch mit einem Zauber, und der Heimkehrer verfiel sofort in tiefen Schlaf.

Als der Teufel später mit dem Löwen zurückkam, sah er schon von weitem, dass Heinrich noch immer schlief und glaubte bereits fest daran, gewonnen zu haben. An den treuen Löwen dachte er dabei nicht. Auch der sah Heinrich, meinte aber, sein Herr liege tot am Boden. Vor Kummer fing der Löwe so fürchterlich laut zu brüllen an, dass Heinrich aus seinem Schlaf erwachte.

Den Teufel übermannte der Zorn, er ließ den Löwen fallen und fuhr auf direktem Weg zur Hölle. Der Löwe hatte den Sturz unverletzt überstanden.

Er lief zu seinem Herrn, der ihn freudig und dankbar begrüßte und in die Arme schloss. Von nun an, so wird erzählt, wich der Löwe nicht mehr von der Seite Heinrichs.

Als Heinrich starb, legte sich der Löwe auf dessen Grab. Dort blieb er, bis der Tod auch ihn ereilte. Seither ist der Name Herzog Heinrich untrennbar mit dem Löwen verbunden.

Der Löwe ist bis heute das Wappentier Bayerns und man begegnet ihm deshalb auch in München mindestens genauso oft wie dem Münchner Kindl.

Wenn euch vor manchen Geschäften oder auf öffentlichen Plätzen einige fast lebensgroße aufrecht sitzende oder gehende Löwenfiguren auffallen, die alle unterschiedlich kunterbunt bemalt sind, dann habt ihr die „Münchner Löwenparade" getroffen. Sie wurde für einen guten Zweck und als Werbebotschafter kurz vor der Bundesgartenschau 2005 und der Fußballweltmeisterschaft in Deutschland 2006 entworfen und versteigert und ist auch heute noch lustig anzusehen.

Wer lieber lebende Löwen und andere seltene Tiere sehen möchte, der sollte den Tierpark Hellabrunn besuchen. Als erster Geozoo der Welt präsentiert er zahlreiche Tierarten, geordnet nach den Kontinenten, von denen sie stammen.

Der Affe vom Alten Hof

In früheren Zeiten war es Brauch, dass Herrscher, die etwas auf sich hielten, einen Hofnarren zu ihrem Hofstaat zählten. Seine einzige Aufgabe bestand darin, die Herrschaften zu unterhalten, sie zum Lachen zu bringen und ihnen die Langeweile zu vertreiben. Doch damit nicht genug. Einige hielten sich obendrein ein Äffchen, das – wie der Hofnarr – die Adligen belustigen und bei guter Laune halten sollte. So hielt es auch Ludwigs Vater, der denselben Vornamen trug und Ludwig, der Strenge, genannt wurde.

Streng war er wohl nicht mit dem zahmen Äffchen, denn es durfte sich frei und ungezwungen in der ganzen Residenz bewegen. Es war recht zutraulich und drollig anzusehen. Und alle erfreuten sich an seinen Späßen und mochten seine Gesellschaft. Manchmal stibitzte es Leckereien vom Tisch der Herrschaften, manchmal turnte es fröhlich und selbstvergessen die Treppen hinauf und hinab. Auch nahm es, wenn sich Gelegenheit ergab, an den Vorführungen des Hofnarren teil. Neugierig schaute es zu, wie der seine Späße machte und applaudierte am Ende, ganz so wie die Zuschauer es auch machten.

Das Äffchen hatte, so wird berichtet, besonderen Gefallen an dem jungen Ludwig gefunden und hielt sich manchmal sogar in dessen Gemächern auf.

Zu dieser Zeit wurden die Kinder der Adligen und wohlhabenden Herrschaften von Ammen versorgt. So auch der kleine Ludwig. Das Äffchen war gern dabei, wenn seine Amme sich um ihn kümmerte. Mit großen Augen schaute es zu, wie die Kinderfrau den Kleinen liebevoll umsorgte, ihn auf den Arm nahm, wenn er weinte, und wie sie ihn hin- und herschaukelte, um ihn zu beruhigen, wenn er quengelte.

Irgendwann überkam das Äffchen die Lust, selbst zu tun, was die Kinderfrau tat.

Als diese einmal das Zimmer verließ, nutzte es die Gunst der Stunde und hob den Kronprinzen aus seinem Bettchen. Es machte alles, was es sich bei der Amme abgeschaut hatte. Es hielt ihn auf dem Arm, es wiegte ihn hin und her und warf ihn in die Luft, um ihn gleich darauf wieder aufzufangen.

Genau in einem solchen Augenblick kehrte die Amme zurück. Beinah wäre ihr das Herz stehengeblieben, als sie sah, dass das Äffchen ihren Schützling in den Armen hielt. Laut schrie sie um Hilfe. Das Äffchen bekam einen fürchterlichen Schreck, so dass es den Kleinen noch fester an sich drückte und mit ihm aus dem Zimmer floh.

Alarmiert von den Rufen der Kinderfrau liefen die Bediensteten zusammen und fanden die Amme starr vor Schreck im Kinderzimmer. Aber das Äffchen war mit dem kleinen Ludwig verschwunden. Von Angst getrieben, lief es kreuz und quer durch die Residenz, um der immer größer werdenden Horde von Verfolgern zu entkommen. Schließlich entschlüpfte es durch eine offene Luke auf das Dach der Residenz. Mit dem Kindchen auf dem Arm setzte es sich auf die Spitze des Eckturms.

Auch die herzogliche Familie war gerufen worden und hatte sich mit dem Hofstaat unten im Hof versammelt. Alle starrten hinauf aufs Dach und bangten um das Leben des Kronprinzen. Niemand wagte sich zu bewegen, um nur das Äffchen nicht weiter zu verschrecken und zu verhindern, dass Schlimmeres geschehe.

Nach einer endlos scheinenden Weile beruhigte sich das kleine Tier. Nachdem es glaubte, dass ihm keine Gefahr mehr drohte, kletterte es zurück durch die Dachluke. Es brachte das Kind in seine Gemächer und legte Ludwig zurück in sein Bettchen.

Das Äffchen durfte bleiben, jedoch fortan nie wieder die Gemächer des kleinen Ludwig betreten.

Den Alten Hof aus dem 12. Jahrhundert könnt ihr heute noch anschauen – ursprünglich war es eine Burganlage, später hat Herzog Ludwig II. sie zu seiner Residenz ausgebaut. Dort verbrachte Ludwig, genannt Ludwig der Bayer, seine Kindheit. Damals konnte er noch nicht ahnen, dass er später einmal König und dann sogar Kaiser werden sollte. Glücklicherweise ist die Geschichte mit dem Affen also gut ausgegangen! Zum Gedenken daran, wurde das Bild des Äffchens in Stein gehauen und auf die Zinne des Eckturms gesetzt. Den sogenannten Affenturm findet ihr im Innenhof.

Vom Alten Hof ein Stück die Burgstraße hinunter findet ihr das Alte Rathaus. Warum es so heißt? Weil es fast direkt daneben am Marienplatz ein „Neues Rathaus" gibt. Das Alte war zu klein geworden. Trotzdem wird der wunderschöne Festsaal im Alten Rathaus immer noch zu offiziellen Anlässen genutzt.

Früher war das Tor in dem Gebäudekomplex ein Stadttor, durch das man nach München hineingelangen konnte, wenn der Wächter einen durchließ. Heute ist in dem Torturm das Spielzeugmuseum untergebracht. Aber bevor ihr es besucht, lauscht doch mal den eigenwilligen Tönen des Klangrads, das im Torbogen aufgehängt ist.

Das Annerl und die kleine Brezn

„Noch mal! Erzähl noch mal!", bettelte das kleine Annerl.

„Ich hab's doch schon hundert Mal erzählt", wehrte Vater Hans ab.

„Aber ich hab's wieder vergessen", lachte das Annerl und schlang die Arme um den Hals ihres Vaters. „Erzähl noch mal von der Brezn!"

Natürlich stimmte es nicht, dass das Annerl die Geschichte über die Erfindung der Brezn vergessen hatte. Das wusste Vater Hans nur zu genau. Aber trotzdem konnte er sich der Bitte seiner jüngsten Tochter nicht erwehren. Auch, weil seine anderen vier Kinder mit leuchtenden Augen um den Tisch saßen und nur darauf warteten, dass der Vater ihnen vor dem Nachtmahl eine seiner vielen Geschichten erzählte. War es doch die einzige Zeit des Tages, zu der alle gemütlich beieinander sitzen konnten.

Der Vater musste als Knecht tagein tagaus schwer arbeiten, die Mutter kümmerte sich, wie es damals üblich war, um die Kinder und um den Haushalt. Außerdem verdiente sie mit Wäscherei und allerhand Näharbeiten für bessere Herrschaften etwas dazu. Das war auch bitter nötig, denn wie sonst hätten sie es schaffen sollen, jeden Tag sieben Mäuler satt zu kriegen.

Hans sah hinüber zu seiner Frau, die am Herd stand und von der Suppe aus Kartoffeln und Gemüse kostete, die in einem großen Kessel vor sich hin köchelte. Mit einer stummen Geste gab sie Hans zu verstehen, dass es noch ein Weilchen dauern würde, bis das Essen fertig sei.

„Also gut", seufzte Hans. „Dann erzähl ich's halt zum hundertundeinsten Mal."

„Ja! Ja!" Das Annerl klatschte vor Freude in die Hände, und ihre vier Geschwister taten es ihr nach.

Des Vaters Blick ruhte auf dem Nesthäkchen der Familie. „Jetzt sperr die Ohren auf, Annerl, damit du's nicht wieder vergisst."

Das kleine Mädchen lachte und versprach, gut aufzupassen.

„Es waren einmal fromme Mönche, die sich streng an die Regeln der heiligen Kirche hielten“, begann Hans. „Eine dieser Regeln schrieb vor, an den 40 Tagen vor dem Osterfest keine üppigen Speisen zu sich zu nehmen, um sich auf Ostern, die Feier des Todes und der Auferstehung Christi, vorzubereiten. Diese Zeit nennt man die Fastenzeit, wie ihr ja alle wisst. In einem denkwürdigen Jahr vor einiger Zeit kam einem jungen Mönch der Gedanke, ob es denn noch etwas anderes gäbe als trockenes Brot, das sie in der Fastenzeit verzehren könnten. Als er dem Abt eines Tages seinen Gedanken offenbarte, war dieser erzürnt.

‚Dass er es wagt, überhaupt so etwas zu denken!‘, schalt der Klostervorsteher den jungen Mönch.

‚Und wenn es eine Speise gäbe, die keinen Zweifel an unserer Gottesfürchtigkeit zulassen würde?‘, murmelte der Junge leise und richtete seinen Blick zu Boden, um dem Abt seine Ergebenheit zu zeigen.

Der Abt sah den jungen Mönch lange an, bevor er zu einer Entscheidung kam.

‚Nun gut. Er ist jung und ungestüm. Das mag ich ihm wohl anrechnen.

Wenn er also etwas erfindet, das unsere Gottesfürchtigkeit genauso zu zeigen vermag wie die Fastenspeisen, die wir kennen, dann sei ihm eine Strafe erlassen.'

Der junge Mönch verneigte sich und bat darum, sich entfernen zu dürfen. Das gestattete der Abt, jedoch nicht ohne ihm hinterherzurufen: ‚Eine Woche hat er Zeit, dann erscheint er wieder hier!'

Das brachte den Jungen in arge Bedrängnis. Wie sollte er binnen sieben Tagen etwas erfinden, das an Sinnhaftigkeit dem trockenen Brot nahekam und doch – so seine heimliche Hoffnung – besser schmeckte?

Er konnte nicht ahnen, dass ihm noch am selben Tag eine Idee dazu kommen sollte. Ausgerechnet beim Abendgebet geschah es. Wie immer betete der junge Mönch auch jetzt mit aller Inbrunst und Hingabe. Doch als er einmal kurz aufschaute und seine Brüder erblickte, die ihm gegenüber in einer Reihe auf der langen Bank saßen, durchzuckte ihn eine Eingebung wie ein Blitz. Wie es üblich war, hatten die Mönche zum Gebet die Arme vor der Brust verschränkt, die Hände ruhten knapp unterhalb der Schultern.

‚Dieses Zeichen unserer Frömmigkeit und Gottergebenheit soll mich leiten', dachte er bei sich und dankte seinem Schöpfer im Stillen für seinen Fingerzeig.

Am nächsten Morgen ging der junge Mönch, wie immer, in aller Herrgottsfrühe zu seinem Dienst in die Backstube, wo er von einem älteren Bruder das Handwerk des Bäckers erlernen sollte. Er bat den Bruder Bäckermeister, einmal selbst etwas ausprobieren zu dürfen.

Erst lehnte der Alte ab, doch als ihm der Junge von seiner Unterredung mit dem Abt berichtete, lenkte er ein und war einverstanden. Er gab dem Jungen noch den Rat, bloß nichts Süßes unter den Teig zu mischen. Sonst wäre sein Vorhaben zum Scheitern verurteilt, denn süße Sachen wie Honig waren in der Fastenzeit strengstens verboten. Der Junge knetete einen Teig und ließ ihn eine Weile ruhen. Doch als er dann anfing, ihn nicht zu Laiben oder Fladen zu formen, sondern lange dünne Stränge daraus zu rollen, kam der Alte herbei und beäugte argwöhnisch das Tun seines Schülers.

‚Wartet nur', sagte der Junge. ‚Gleich werdet ihr sehen, was ich vorhabe.'

Aus einem Teigstrang formte er die gekreuzten Arme der betenden Klosterbrüder nach.

Bruder Bäckermeister verstand sofort. ‚Das ist eine vortreffliche Idee!', rief er, der sonst mit Lob eher sparsam umging.

‚Wir nennen sie Brezitella', sagte der Alte, der sich anbot, seinem jungen Mitbruder beim Formen der Teiglinge zu helfen.

‚Was soll das bedeuten?', fragte der Junge, dem die lateinische Sprache noch fremd war.

‚Brachium bedeutet Arm', klärte ihn der Alte auf. ‚Und du hast die gekreuzten Arme der Betenden aus Teig geformt. Das soll sich auch im Namen widerspiegeln.'

Brezitella, der Name gefiel dem Jungen gut und er konnte es kaum abwarten, das Blech in den Ofen zu schieben. Rasch wollte er noch ein paar Scheite Holz holen, um sicher zu sein, dass die Hitze groß genug war. Als er an dem Tisch vorbeikam, auf dem das Backblech stand, streifte er mit seiner Kutte so unglücklich das Blech, dass es kippte. Die Teiglinge fielen in einen Bottich mit Lauge, die der Alte für das spätere Putzen des Ofens schon vorbereitet hatte.

Wie groß war das Weh und Ach, das der junge Mönch nun ausstieß. ‚Es ist alles verdorben!', jammerte er.

Der Alte aber reagierte blitzschnell. Er holte die Teiglinge aus dem Bottich und legte sie zurück auf das Blech. ‚Wir verschwenden nichts!', schnaubte er. ‚Das verbieten unsere Regeln.'

So sehr der junge Mönch auch bettelte, von Neuem beginnen zu dürfen, der Alte ließ sich nicht erweichen. Er blieb dabei. Keine Gottesgabe, kein Lebensmittel durfte verschwendet oder weggeworfen werden.

Der Junge musste zusehen, wie der Alte das Blech mit den in Lauge gebadeten Teiglingen in den Ofen schob.

Doch wie groß war die Überraschung, als sie nach einiger Zeit die Ofentür öffneten. Ein köstlicher Duft durchströmte die Backstube, und den beiden Mönchen gingen die Augen über, als sie die appetitlichen kastanienbraunen Gebäckstücke sahen.

‚Wenn sie nur halb so gut schmecken, wie sie riechen und aussehen, dann habt ihr gewonnen!', lachte der Alte und brach zwei kleine Happen von einer Brezitella ab.
‚Mmmh! Das ist ein Fest für den Gaumen!', schwärmte der junge Mönch, nachdem er probiert hatte.
‚Und es wird unserem Herrgott wohl gefallen, dass wir ihn auch auf diese Weise lobpreisen', fügte der Alte hinzu.

Und selbst der Abt hatte dem nichts entgegenzusetzen. Auch ihm mundete es vorzüglich und er erlaubte, die Brezitella von nun an als Fastenspeise aufzutischen."

Vater Hans sah in die strahlenden Augen seiner Kinder, bevor er fortfuhr. „Und es dauerte nicht lange, bis diese köstliche Erfindung auch außerhalb der Klostermauern bekannt und zu einem beliebten Gebäck wurde", schloss er seine lange Geschichte über die Erfindung der Brezn.

Nun war auch die Suppe fertig und die Mutter schöpfte jedem eine Kelle voll in den Teller. „Lasst es euch schmecken", sagte sie und setzte sich zu ihnen an den Tisch.

„Heute wird unser Annerl das Tischgebet sprechen", entschied Vater Hans und faltete die Hände.
Alle taten es dem Vater nach. Sie senkten die Köpfe und das Annerl begann: „Lieber Gott, danke für all die guten Gaben, die du uns bescheret hast." Sie schaute verstohlen zu ihrem Vater und fuhr dann mit ihren eige-

nen Worten fort: „Wir danken dir auch ganz besonders, dass du dem jungen Mönch die Eingebung geschickt hast, die …“ Plötzlich hielt sie inne und starrte auf ihre Hände. „Schaut doch nur!“ Das Annerl sprang auf. „Der Herrgott hat auch mir eine Eingebung geschickt!“ Sie streckte den anderen ihre kleinen gefalteten Hände entgegen. Wie alle, hatte auch sie ihre Finger ineinander verschränkt und die Daumen übereinander gekreuzt. „Das ist auch eine Brezn!“

Auch wenn das Gebet noch nicht zu Ende war, mussten doch alle lachen, nachdem sie ihre eigenen Hände betrachtet und entdeckt hatten, dass ihre Daumen so lagen wie die Arme der Brezn.

„Seht ihr es?“, fragte das Annerl aufgeregt. „Das ist eine Brezn. Eine Kinderbrezn!“

Vater Hans wurde wieder ernst und verlangte, das Annerl möge das Nachtgebet ordentlich zu Ende sprechen. So wie er es ihm gelehrt hatte. Und das tat das Annerl dann auch brav. An diesem Abend und an allen folgenden.

Fortan nannten alle in der Familie die besonders kleinen Brezn nur noch „Annerln".

Es ist euch bestimmt schon aufgefallen – in München, sowie auch im Rest von Bayern, reden die Menschen ein bisschen anders. Besonders gerne werden Buchstaben verschluckt. Deshalb heißt das Münchner Original eigentlich „Brezn" und nicht „Breze", „Brezel", „Bretzel" oder gar „Pretzel". Auch in der Mehrzahl ab zwei Stück bestellt der Münchner: „Zwoa Brezn, bittschön."

Und wer jetzt Lust auf eine „Brezn" hat, der kann sich in so gut wie jeder Bäckerei eine besorgen. In normaler Größe oder als Riesenbrezn, mit Salz, Sesam, Mohn, Kürbiskernen oder Käsekruste. Oder einfach mit Butter oder pur. Lecker und knusprig und perfekt auch für zwischendurch sind sie allemal. Die besten gibt es ... – ach, das testet ihr besser selbst!

Aber was wäre ein Bäcker ohne Getreide? Eine der ältesten Bäckereien und Getreidemühlen Münchens ist die Pfistermühle, die man von außen teilweise noch sehen kann (Pfisterstraße 4). Oder ihr lasst euch ganz in der Nähe in der Hofbräuhaus-Kunstmühle (Neuturmstraße 3) vorführen, wie aus Getreide Mehl wird – eine Voranmeldung wird empfohlen.

Der Breznreiter

Einst wollte ein Münchner Kaufmann namens Wadler, der durch Salzhandel zu ansehnlichem Wohlstand gekommen war, bedürftigen Mitbürgern etwas Gutes tun und vielleicht auch für sein eigenes Seelenheil etwas spenden. Die Armen der Stadt sollten kostenlos Brezn erhalten. Um sie zur Breznspeisung vor dem Heilig-Geist-Spital zusammenzurufen, wurde wie jedes Jahr ein treuer Knecht losgeschickt, der hoch zu Pferd durch die Hauptstraßen Münchens reiten und die Gabe verteilen sollte. Eine große Ehre!

Aufgeregt war er schon, der Alois, aber auch mächtig stolz, dass man ausgerechnet ihn zum Breznreiter erwählt hatte. Lange vor der Zeit ging er in den Stall, um den Schimmel zu striegeln. Das Ross schnaubte und scharrte mit den Hufen, als ob es spürte, dass heute ein ganz besonderer Tag war. Mit sanfter Stimme redete Alois auf den Schimmel ein. Das Tier beruhigte sich, ließ sich striegeln und auch bereitwillig die Mähne herrichten. Einen Schimmel hatte man eigens ausgesucht, damit man den Breznreiter mit seinen guten Gaben in der Nacht besser erkennen konnte.

Es war früher Nachmittag, als der Hufschmied den Stall betrat. Alois hatte ihn gebeten, zu kommen und drei der vier Hufeisen des Schimmels zu lockern. Ungläubig hatte sich der Hufschmied zunächst am Kopf gekratzt, als er diese Bitte gehört hatte. War er doch ansonsten dafür zuständig, das Gegenteil zu tun. Als ihm Alois dann aber erklärt hatte, dass lockere Hufeisen besser zu hören wären, wenn man auf dem Ross durch die Gassen ritt, hatte der Hufschmied gelacht und ihm seine Hilfe zugesichert.

Bald war es soweit. Ein großer Korb mit Brezn stand schon bereit, Alois hatte sein bestes Wintergewand angezogen. Schließlich war es am 27. Dezember, dem Festtag des Evangelisten Johannes, draußen bitterkalt. Er stieg auf und lenkte den Schimmel auf die Straße.

„Ihr jung und alte Leut', geht's hin zum Heiligen Geist, wo's die Wadler Brezn geit!", rief er mit dröhnender Stimme, während er durch die Gassen ritt. Schnell liefen die Leute zu ihm hin, um eine der Brezn zu ergattern. Wer keine mehr abbekam, konnte sich bis mittags um 12 Uhr am nächsten Tag seine Brezn vor dem Spital abholen.

Wie froh die Leute doch ob der milden Gabe waren! Sie jubelten dem Breznreiter zu, bedankten sich bei den edlen Spendern, der Familie Wadler.

Nach Alois kamen im Lauf der Jahre noch viele andere Männer zu der Ehre, die Aufgabe des Breznreiters zu übernehmen. Rund 3000 Brezn wurden auf diese Weise jedes Jahr verteilt. Immer am 27. Dezember ritt er durch München. Als dann aber der letzte Nachkomme der Familie Wadler in einer Nacht zum 1. Mai verstarb, wurde ihm zum Andenken der Ritt auf die Nacht zum 1. Mai verlegt. Fast 500 Jahre lang wurde dieser Brauch fortgeführt. Bis zu jenem unglücklichen Jahr, in dem ein wenig erfreulicher Vorfall den Brauch beenden sollte.

Gregor hieß der letzte Breznreiter, der nicht ahnend, was auf ihn zukommen würde, voller Stolz den Schimmel bestieg und mit einem Korb voller Brezn hinausritt.

Gregor war noch jung, gerade erst ein paar Jahre verheiratet und doch hatte ihm seine Frau bereits drei Kinder geschenkt. Julius, wie sein Ältester hieß, durfte dieses Jahr zum ersten Mal mit hinaus auf die Straße, um seinen Vater hoch zu Ross bei seiner ehrenvollen Aufgabe zu sehen. An einer bestimmten Straßenkreuzung, auf halbem Weg zur Heilig-Geist-Kirche, wollte er auf ihn warten, so hatten sie es ausgemacht.

Ach, wie es die Leute doch freute, zu einem kostenlosen Schmankerl zu kommen. Gregor war selbst voll des Glücks, als er durch die begeisterte Menge ritt und eine Brez nach der anderen verteilte.

„Ihr jung und alte Leut', geht's hin zum Heiligen Geist, wo's die Wadler Brezn geit!", rief er immer wieder.

Doch als er kurz vor der Kreuzung war, an der sein Sohn Julius auf ihn wartete, erschrak Gregor. Nur noch wenige Brezn waren in seinem Korb und noch so viele leere Hände streckten sich ihm entgegen.

„War ich zu freigiebig?", fragte er sich. „Oder liegt es daran, dass die Stadt so gewachsen ist und viel mehr Leute hier leben als früher?"

Er konnte zu keinem Schluss kommen, alle Brezn waren verteilt und schon schimpfte einer lauthals, was für ein Hallodri er doch sei, mit einem leeren Korb durch die Straßen zu reiten.

„Selber wird er's g'fress'n ham!", rief da ein anderer zornig.

Gregor wollte nicht glauben, dass die Menge auch noch zustimmend applaudierte. Dabei hatte er in Wahrheit nicht mal ein Krümelchen Salz von einer Brezn gepickt, geschweige denn eine ganze verzehrt. Außerdem gab es doch noch Nachschub, man musste nur zur Heilig-Geist-Kirche laufen.

„Holt's ihn runter!", brüllte nun einer der Wütenden.

„Ja! Holt's ihn runter!", stimmten viele zu.

„Lasst meinen Vater in Ruhe! Lasst ihn in Ruhe!", rief der kleine Julius, löste sich von der Hand seiner Mutter, die starr vor Angst wie angewurzelt stehen blieb. Julius rannte los und versuchte, sich durch das Gedränge bis zu seinem Vater durchzukämpfen. Noch bevor er ankam, musste er jedoch mit ansehen, wie ein Mann seinen Vater vom Pferd riss.

„Das dürft ihr nicht! Das dürft ihr nicht!", rief Julius verzweifelt.

Aber niemand hörte sein Rufen. Nun war auch die Mutter wieder bei ihm und versuchte, ihren Sohn aus der wütenden Menge herauszuholen. Julius wehrte sich nach Kräften, wollte er doch seinem Vater beistehen. Wie aussichtslos sein Ansinnen war, musste er jetzt miterleben. Verängstigt schnaubend suchte der Schimmel das Weite und einige Männer stürzten sich auf den armen Gregor, der hilflos am Boden lag und sich der vielen Schläge nicht erwehren konnte, die auf ihn niederprasselten.

Erst als die Menge sich beruhigt hatte, konnten Julius und seine Mutter dem Vater aufhelfen und ihn nach Hause bringen.

Während die Mutter die Blessuren ihres Mannes versorgte, schlich sich der kleine Julius aus dem Haus und lief auf direktem Weg zu den hohen Herren, die in der Stadt das Sagen hatten. Ihnen berichtete er haarklein, was sich gerade draußen auf der Straße zugetragen hatte.

„Mut hast du ja, du junger Bursche", lobte ihn einer der Herren, als er geendet hatte.

„Darüber hab ich nicht nachgedacht", gab Julius ehrlich zu. „Ich weiß nur, dass es nicht gerecht ist, meinen Vater zu verprügeln, wo er doch bloß Gutes tun sollte. Jetzt liegt er zu Haus im Bett und ist voller blauer Flecken. Das können die Spender doch nicht gewollt haben."

Als die Herren schwiegen, wurden dem kleinen Julius doch die Knie weich, und er bekam Angst, etwas Falsches getan zu haben.

„Wo er recht hat, hat er recht", sagte einer der Herren nach einer Zeit, die Julius endlos vorgekommen war. „So klein er auch ist."

Die hohen Herren dankten dem Jungen für seine Unerschrockenheit und schickten ihn zurück nach Hause. Und nur wenige Tage später klopfte ein Bote an Gregors Tür und überbrachte eine großzügige Entschädigung für den erlittenen Schmerz und die Schmach. Außerdem ließen die Herren Gregor ihre Gratulation zu seinem tapferen Sohn übermitteln.

Der Brauch des Breznreiters wurde noch im selben Jahr abgeschafft. Wenn die Leute kräftig genug seien, dass sie ihren Breznreiter vertrimmen könnten, dann

bräuchten sie wohl die Armenspeisung nicht mehr, ließ der Rat verkünden. Und so müssen bis heute die Münchner ihre Brezn wieder selber besorgen.

Den Münchner Kaufmann, der früher die Brezn spendiert hat, gab es wirklich. Er hieß Burkhard Wadler und spendete 1318 gemeinsam mit seiner Ehefrau Hedwig von den Einnahmen ihrer Saline in Tirol die stolze Summe von 63 Pfund Pfennige an das Heilig-Geist-Spital in München. Die „Wadler-Spende“, sollte arme Leute, die im Krankenhaus lagen, einmal pro Woche zusätzlich verköstigen. Darüber hinaus wurden einmal im Jahr alle Armen der Stadt kostenlos mit Brezn versorgt.

Bis 1801 ritt der Breznreiter durch München. Noch heute erinnert ein Deckenfresko an ihn. Im Zentrum Münchens, direkt am Viktualienmarkt, in der Heilig-Geist-Kirche. Im mittleren Deckengemälde des Hauptschiffs in der linken unteren Ecke ist er zu sehen: Ein bärtiger Mann, gekleidet in braunes Gewand, der einen Korb mit Brezn trägt. Neben ihm der Schimmel, auf dem er einst durch die Gassen ritt.

Zu dieser sichtbaren Erinnerung gesellt sich eine hörbare: Im Jahr 2012 wurden die bereits bestehenden drei Glocken mit den Namen Heiliggeist, Maria und Josef um eine vierte Glocke ergänzt. Sie wurde zu Ehren des alten Brauchs Breznreiter-Glocke genannt.

Seit einiger Zeit lebt der alte Brauch wieder auf, zum Stadtgründungsfest oder zu anderen besonderen Anlässen ist der Breznreiter ab und zu unterwegs.

Der Goldschmied beim Schönen Turm

In der Kaufinger Straße, gleich neben dem Schönen Turm, hatte einst ein Goldschmied seine Werkstatt. Er war ein ehrbarer Mann und ein geschätzter Meister seiner Handwerkskunst.

Es geschah an einem Sommertag vor langer, langer Zeit. Da erschien an der Tür des Meisters ein gut gekleideter und wohlhabender Herr. Er hatte kostbaren Schmuck bei sich, darunter ein besonders schönes Collier. Und er beauftragte den Goldschmied, ein Schmuckstück zu fertigen, das dem wertvollen Halsschmuck genau gleichen sollte. Das war ein Auftrag ganz nach dem Geschmack des kunstfertigen Goldschmieds, und so machte er sich sogleich ans Werk. Es war ein heißer Tag, und er musste das obere Fenster seiner Werkstatt öffnen, um die stickige Luft zu vertreiben. Dann arbeitete er fleißig weiter und kam gut voran. Bald würde das Schmuckstück fertig sein. Darauf freute er sich schon.

Doch als er eines Mittags vom Essen zurückkehrte, war aller Schmuck, den ihm der wohlhabende Herr überlassen hatte, verschwunden. Wie konnte das sein? Die Tür hatte er fest verschlossen, und sie war auch nicht aufgebrochen worden. Der Goldschmied suchte überall, er leerte Schubladen und durchwühlte Schränke. Er drehte das Unterste zuoberst und umgekehrt. Der Schmuck war und blieb verschwunden. Da half kein Jammern und kein Klagen, er musste seinem Auftraggeber erklären, was geschehen war. Der war so erzürnt, dass er das Gericht anrief und die Sache zur Klage brachte.

Der Fall wurde untersucht. Da aber kein Einbruch festgestellt wurde und der Angeklagte auch sonst keine stichhaltigen Beweise für seine Unschuld vortragen konnte, kam der Richter zu dem Schluss, dass es sich um eine List des Goldschmieds gehandelt haben müsse. Er habe den Schmuck versteckt, aus der Stadt gebracht oder einem Komplizen ausgehändigt, so vermutete der Richter.

Der Goldschmied leugnete beharrlich und beteuerte seine Unschuld. Das hohe Gericht vermochte er damit jedoch nicht zu überzeugen. Es sprach den Goldschmied schuldig und verurteilte ihn zum Tode.

Wenig später wurde der Mann an seiner Werkstatt vorbei durch den Schönen Turm geführt. Die kleine Glocke, die dabei läutete, hatte er dereinst sogar mit eigenen Händen gefertigt. Der Goldschmied soll auf seinem Weg hoch zum Turm geschaut und gerufen haben: „Meine Stimme verhallt und kein Mensch glaubt mir. So wahr aber jedweder meines Glöckchens Klang vernimmt, so sicher kommt meine Unschuld noch an den Tag. Dann ist es aber für euch zu spät!"

Einige Zeit nach der Hinrichtung des Goldschmieds, mussten Handwerksleute den Schönen Turm hinaufsteigen, um dort etwas zu reparieren. Einer der Handwerker, der bei der Verurteilung des Goldschmieds dabei gewesen war, hatte noch gespottet, als der Angeklagte seine Unschuld beteuerte. Derselbe Handwerker war nun beim rechten Erkerturm, um etwas zu richten. Er erinnerte sich an des Goldschmieds Worte und sah zum Glöckchen hin, das in der Mitte des Turms hing.

„Nun wär's bald Zeit, dass du deine Pflicht tätest, sonst strafst du deinen Meister Lügen!", lachte er und fuhr mit seiner Arbeit fort.

Kaum hatte er ein paar Handgriffe getan, flog eine Dohle aus dem Erker, wo das Glöckchen hing, und erhob sich in die Lüfte. Der Handwerker war sich sicher, dass der rabenschwarze Vogel dort oben sein Nest hatte. Als er hineinschaute und das Nest erblickte, sah er darin etwas glitzern und glänzen. Er näherte sich und erkannte eine Ansammlung kostbarer Schmuckstücke. Dem Mann fuhr der Schrecken durch alle Knochen, weil ihn eine düstere Ahnung überkam. Zitternd stieg er die Leiter hinab, lief zum Gericht und erstattete Bericht. Zunächst wollte ihm der Richter nicht glauben, doch dann kam er schließlich mit zum Turm und stieg von innen hoch, um das Dohlennest selbst in Augenschein zu nehmen. Dort lag der Schmuck, genau wie der Handwerker ausgesagt hatte.

Auf der Stelle wurde der wohlhabende Herr gerufen, und er bestätigte, dass es sich um sein verschwundenes Geschmeide handelte. Im selben Moment wussten alle, wie es sich zugetragen haben musste. Die Dohle war durch das offenstehende Erkerfenster in die Werkstatt geflogen und hatte die glitzernden Schmuckstücke entdeckt. Es war allgemein bekannt, dass Dohlen besonderen Gefallen an allen Gegenständen hatten, die funkeln und glänzen. Der Goldschmied war also zu Unrecht verurteilt worden.

Alle, die die Wahrheit erfuhren, waren aufs Tiefste erschüttert. Zum Trost der Nachfahren des Goldschmiedes wurde alles getan, um die Ehre des unschuldig Verurteilten wiederherzustellen.

Der „Schöne Turm" steht leider nicht mehr, aber seine Umrisse sind an seinem früheren Standort erhalten. Geht einfach ein Stück die Fußgängerzone entlang und haltet vor einem Herrenbekleidungsgeschäft in der Kaufingerstraße 28. An der Hausfassade wurde zusätzlich eine Gedenktafel angebracht, die zeigt, dass der Turm wirklich sehr schön war. Er war 1157 erbaut und mit vielen Fresken verziert worden, daher hatte er seinen Namen.

Auch an den armen Goldschmied wird erinnert mit einer Skulptur an der Gebäudeecke. Er trägt dort passenderweise die schwere Last des Turms auf seinen Schultern.

Der Teufelstritt in der Frauenkirche

Vor langer Zeit begab es sich, dass der damalige Herzog von Bayern zur Jagd in den Wäldern rund um München unterwegs war. Er war nicht besonders erfolgreich gewesen und wollte schnell nach Hause, um das fehlende Jagdglück bei einem guten Schluck möglichst rasch zu vergessen. Als sie auf seine Stadt zuritten, hörte er einen aus seiner Jagdgesellschaft witzeln: „Dieses München könnte genauso gut ein Dorf sein!"

Erbost zügelte der Herzog sein Pferd und ließ denjenigen vortreten, der derart abfällig über seine Stadt gesprochen hatte. „Was fällt dir ein?", herrschte er ihn an. „München ist eine der reichsten und einträglichsten Städte im ganzen Reich."

„Das mag wohl sein", verteidigte sich der Jagdgeselle. „Aber erkennt man das auch? Als ich vor einigen Monden auf Ulm zuritt, empfing mich weithin sichtbar eine prächtige Kathedrale. Auch wenn sie noch nicht ganz fertig gestellt ist, wird sie doch eine Zierde ihrer Stadt werden. Ebenso verhält es sich in Regensburg und anderen Städten, die ich in den Jahren besuchte. Aber hier? Euer Alter Peter mag beeindrucken, wenn man direkt davorsteht und Euren Kirchgängern genügt wohl die Marienkapelle für die sonntägliche Gottespflicht. Sie wird Euch dann einst sogar als Grabstätte ausreichen müssen. Aber gebt zu, von hier aus kündigt keine der beiden Kirchlein vom Wohlstand oder Einfluss Eurer Stadt."

Ohnehin schon schlecht gelaunt, wurmte diese Rede den Herzog gewaltig, besonders weil er sich zähneknirschend eingestehen musste, dass der Redner leider recht hatte.

„Ihr werdet schon sehen!", rief er. „Die übertreffen wir noch! Unsere Kathedrale wird vor allen anderen fertig sein!"

Statt mit seinen Jagdfreunden zu tafeln, eilte er sofort nach seiner Rückkehr zu seinen Beratern und zur Münchner Bürgerschaft und gab die Beschwerde weiter: „Sucht einen Baumeister, der mir eine Kirche in weniger als einer Lebzeit baut!“

Ein Raunen ging durch die Versammlung: „Das kann doch keiner! Andere Dombaustellen dauern schon über 100 Jahre und sind noch nicht fertig, wie sollte das einer in weniger Zeit schaffen? Ach und weh, dann werden wir wohl nie einen großen Dom bekommen!“

Doch wider Erwarten fand sich ein Baumeister, der sich das zutraute: Jörg Ganghofer aus Halsbach. Er sprach beim Herzog vor. Der wollte ihn prüfen und fragte: „Wie denkst du, kannst du schaffen, was außer dir keiner anpacken will?“

Meister Jörg war ein ruhiger, gewissenhafter Mann, der sich das wohl überlegt hatte. „Wir haben hier keinen Steinbruch, Hoheit. Stein anzukarren wäre langwierig und mühsam. Wenn wir aber den heimischen Lehm und Sand verwenden, dann sollte es wohl gelingen.“ Er blickte seinen Herzog mutig an: „Und wir dürfen uns keine Bauunterbrechung erlauben, etwa weil das Geld ausgeht wie auf anderen Baustellen!“

Da prustete der Herzog laut los: „So sei es, Ganghofer! Ums Geld musst du dir keine Sorgen machen und wenn du rechtzeitig fertig wirst, wiege ich dich zusätzlich in Silber auf.“

Jörg schüttelte den Kopf: „Der übliche Lohn als Baumeister soll mir genügen, Hoheit. Versprecht mir nur, wenn ich mein Werk in der vereinbarten Lebzeit beende, dann möcht' ich in meiner Kirche begraben sein.“

Der Herzog, der eine Vorliebe für ausgefuchste Vereinbarungen hatte und den Ansporn noch erhöhen wollte, meinte: „Abgemacht! Wenn du es allerdings nicht schaffst, wirst Du auf dem gottlosen Acker vor den Stadtmauern begraben, wo all jene ruhelos sind, die München Schande gemacht haben!“

Der Handel wurde besiegelt, obwohl Meister Jörg wusste, dass er damit die ewige Verdammnis riskiert hatte.

Das wusste auch noch ein anderer, der seit jeher ein besonderes Auge auf die bayerische Stadt geworfen hatte. Als Meister Jörg am nächsten Tag sein Material in Augenschein nahm, tanzte der Teufel mit grimmiger Freude um ihn herum und feixte: „Das schaffst du nicht, das schaffst du nicht! Deine Seele gehört mir, deine Seele gehört mir!"

Obwohl ihm beim Anblick des Leibhaftigen durchaus mulmig wurde, blieb Meister Jörg äußerlich ruhig. „Das kann gut sein", sagte er. „Aber wieso willst du dich nur mit meiner Seele zufriedengeben?"

„Wie meinst du das?", fragte der Teufel.

„Nun", erklärte Jörg, „wenn du mir hilfst, rechtzeitig fertig zu werden, dann baue ich eine Kirche, die allen Münchnern die Macht deiner Herrschaft zeigt."

„Wie willst du das anstellen?", fragte der Teufel interessiert.

Meister Jörg lächelte: „Hast du schon einmal von einer Kirche ohne Fenster gehört?"

Der Teufel antwortete: „In so eine Kirche würde doch niemand gehen, um ihn anzubeten." Er blickte flüchtig gen Himmel, weil er als Fürst der Finsternis den Namen Gottes nicht gerne laut aussprach.

„Genauso ist es!", pflichtete Meister Jörg bei. „So eine Kirche würde ganz München lächerlich machen, und die Gläubigen würden sich fürchten."

Der Teufel war beeindruckt: „Wenn du so eine Kirche baust, Ganghofer, dann helfe ich dir, rechtzeitig fertigzuwerden."

„So sei es!", sagte der Baumeister.

„Aber vergiss nicht: kein einziges Fenster, verstanden?", sagte der Teufel.

„Du wirst kein einziges Fenster sehen!", versprach der Baumeister und schlug in den Handel ein.

Von da an gab sich der Teufel richtig Mühe. Er zeigte dem Baumeister eine Rezeptur, mit der er besondere Ziegel brennen konnte, wie es bis heute kein anderer vermag: Sehr stabil und gleichzeitig schön anzusehen und für den Kirchenbau in schwindelnde Höhen bestens geeignet. Außerdem schickte er alle schlitzohrigen Handwerker, die bei ihm in der Hölle saßen, auf die Baustelle in München, mit dem Versprechen, ihnen für jedes Baujahr, das sie vor der Zeit fertig wurden, eine der Höllenqualen zu ersparen. So kam die Baustelle gut voran und „der Dom zu Unserer Lieben Frau" war bereits nach unvorstellbaren 20 Jahren fast fertig.

Nun wollte der Teufel begutachten, ob sich der Baumeister an die Absprache gehalten hatte. Auf seinem schnellsten Ross, dem Sturmwind, eilte er nach München. Von außen stand noch das Gerüst, also wollte er sich im Inneren vergewissern, dass die Kirche wirklich fensterlos geblieben war.

„Komm nur und sieh dir alles an!", ermunterte der Baumeister ihn, der natürlich mit dem Besuch des Teufels gerechnet hatte.

Bis ganz ins Innere konnte der Teufel nicht, denn der große Hochaltar war im Mittelschiff bereits aufgestellt worden. Die allzu nahe Gegenwart des Allerheiligsten hätte dem Fürsten der Finsternis Schmerzen bereitet, wie Jörg Ganghofer sehr wohl wusste. Daher brachte er seinen dunklen Gönner in die Eingangshalle, von der aus er gut ins Innere hineinsehen konnte. Oh, und wie dem Teufel gefiel, was er dort sah: Kein einziges Fenster! Die Frauenkirche lag völlig im Dunklen. Niemand würde jemals diese Kirche zum Gebet betreten – da war sich der Teufel sicher.

Er fing an zu lachen und lachte und lachte sein höhnischstes Lachen, wie nur der Teufel es lachen konnte. Dabei stampfte er vor Freude so heftig mit dem Fuß auf, dass er einen tiefen Abdruck im Boden hinterließ. Mit Schrecken und Sorge betrachtete Meister Jörg den Teufelstritt in seiner schönen neuen Kirche, doch da klopfte der dunkle Fürst ihm auf die Schulter und dröhnte: „Du hast unseren Pakt erfüllt, Ganghofer, deine Seele ist frei!"

Einige Zeit später allerdings wollte der Teufel sich noch einmal an seiner Tat ergötzen. Erneut ritt er auf seinem Sturmross zur Frauenkirche und sah dort zu seinem großen Erstaunen und Ärger, dass die Münchner scharenweise in die Kirche strömten. Er traute seinen Augen kaum, als er an der Fassade jetzt sehr wohl Fenster entdeckte – sogar ausgesprochen schöne und zahlreiche.

Der Teufel spie Feuer und Schwefel vor Wut. „Verrat! Dafür wird er bezahlen! Wir werden diese Kirche dem Erdboden gleichmachen!"

Er gab seinem Sturmross die Sporen, raste mit ihm um die Kirche herum. Er rüttelte und schüttelte an jeder Mauer und versuchte, sie zum Einsturz zu bringen. Aber das gelang ihm nicht, zu solide hatte Meister Jörg mit Hilfe der hochmotivierten Handwerker das Gotteshaus errichtet. Lediglich ein paar Steine konnte der Sturmwind aus den Mauern des Südturms lösen, der deshalb ein paar Zentimeter kürzer wurde als der Nordturm. Der Teufel aber musste einsehen, dass er sich hier vergeblich mühte und er nichts mehr ausrichten konnte. Zornig und erniedrigt begab er sich in seine Hölle

zurück und vergaß darüber sogar sein Sturmross. Es rannte und windete weiterhin unermüdlich rund um die Frauenkirche.

Der schlaue Baumeister Jörg Ganghofer wiederum nahm in aller Demut das Lob seines Herzogs und der Stadt entgegen. Hatte er doch ganz absichtlich den Teufel im wahrsten Sinne des Wortes hinters Licht geführt. Denn genau an der Stelle, an die er seinen dunklen Helfer in der Eingangshalle gelotst hatte, werden auch heute noch alle Seitenfenster von Säulen verdeckt und damals zur Bauzeit stand der hohe Altar vor dem Mittelfenster.

Trotz der List bekam der Teufel des Meisters Seele nie, weil er ihn ja bereits freigegeben hatte. Und der Herzog hielt sein Wort: Jörg Ganghofer wurde nach seinem Tod in der Frauenkirche begraben!

Offiziell heißt diese Kirche, die 1468 gebaut wurde: „Der Dom zu Unserer Lieben Frau", aber das ist so lang, dass jeder in München kurz Frauenkirche sagt.

Schon von Weitem könnt ihr sie bewundern. Besonders die zwei Zwiebeltürme überragen die anderen Häuser. Der Nordturm ist tatsächlich 12 Zentimeter höher als sein südlicher Zwilling. In der Eingangshalle könnt ihr den berühmten Teufelstritt bestaunen, ebenso das Grab von Baumeister Jörg, innen unter dem Nordturm.

Und wer kurz draußen vor der Kirche stehen bleibt, wird auch immer noch spüren, wie der Wind weht, wenn das Sturmross vorbeisaust.

Die geheimnisvolle Isarnixe

Vor vielen, vielen Jahren fand einmal in München eine große, prächtige Hochzeit statt, und es wurde mehrere Tage lang gefeiert. Jede Menge Künstler kamen extra angereist, um für das Paar und seine Gäste aufzutreten und aufzuspielen. Schauspieler, Spielleute, fahrende Sänger, Gaukler und Narren gaben sich ein munteres Stelldichein in und um München und führten ihre Darbietungen nicht nur in den Schlössern und Adelshäusern auf, sondern auch auf den Straßen und Plätzen Münchens.

Unter ihnen war auch ein junger Spielmann namens Jobst, der es auf herausragende Weise verstand, den Dudelsack zu spielen. Er konnte dem Instrument ebenso fröhliche wie verträumte Melodien entlocken und sogar Vogelstimmen täuschend echt imitieren. Bald hatte er sich bei der Gesellschaft einen sehr guten Ruf erspielt. Besonders die jungen Damen umringten ihn, sobald er auftrat, und es gab einige, die ihm schmachtende Blicke zuwarfen, zumal er mit seiner ranken Gestalt, dem dunklen Haar und der markanten Nase auch noch sehr gutaussehend war.

Jobst zwinkerte mal der einen zu und scherzte kurz darauf mit einer anderen, bis sich Ottilia zum ersten Mal zum Kreis seiner Zuhörerinnen gesellte. Sie beachtete ihn kaum, kicherte sogar laut mit ihrer Zofe, während er eine besonders tragische Weise zum Besten gab, aber trotzdem war es um ihn geschehen. Jobst hatte nur noch Augen für sie.

Sie war ein Edelfräulein von der Burg Grünwald, die idyllisch in den grünen Wäldern vor München lag. Ottilia war ebenso schön wie hochmütig, doch das übersah der verliebte Dudelsackspieler. Sobald sie in der Nähe stand und die goldblonden Locken in den Nacken warf, spielte er nur für sie. Zärtlich lockte seine Pfeifenmelodie: „Tulip, tulip, tulip."

Sie hörte sehr wohl die Musik, jedoch erreichte sie nicht ihr Herz und sie schenkte dem Spielmann keine weitere Beachtung. Er wiederum wurde mit jedem Tag unglücklicher und wusste nicht, wie er ihre Aufmerksamkeit noch erringen sollte, wenn nicht mit dem, was er am besten konnte, mit seiner Musik.

„Einer edlen Dame musst du etwas bieten“, riet ihm ein erfahrener Gaukler.

Als der Herzog zum Abschluss der Feierlichkeiten eine Jagd veranstaltete, nahm Jobst endlich seinen ganzen Mut zusammen. Gerade spazierte seine Angebetete mit ihrem Gefolge in der Nähe der Thalkirchner Wasserfälle, da hielt er es nicht mehr aus. Er ging vor ihr auf die Knie und rief: „Edles Fräulein, darf ich es wagen, meine Liebe und mich gleich selbst Euch zu Füßen zu legen?“

Ottilia betrachtete ihn belustigt und wenig geschmeichelt: „Wer ist er, dass er sich so etwas mitten am helllichten Tag herausnimmt? Ein Fürst? Ein Prinz? Oder gar der König selbst?“

„Leider nein, oh Schönste der Schönen, ein einfacher Edelmann und Dudelsackspieler bin ich, aber ich schwöre bei meinem Leben, dass Euch Euer Lebtag niemals jemand mehr lieben wird als ich!“

„Das ist rasch dahingesagt“, entgegnete sie. „Seid Ihr auch bereit, das zu beweisen?“

„Fordert jeden Beweis, den Ihr beliebt. Ich werde ihn erbringen!“

„Jeden?“

„Jeden! Verfügt über mich, liebreizende Ottilia!“

Das adlige Mädchen lachte auf. Mit einer raschen Handbewegung zog es sich das goldene Geschmeide vom Hals und warf es mit Schwung in den Fluss.

„Oh weh, wie ungeschickt von mir“, behauptete Ottilia. „Ach, gäbe es nur einen Edlen, der mir meinen Schmuck wieder zurückbrächte. So jemands Werben würde ich gewiss nicht zurückweisen!“

„Euer Wunsch sei mir Befehl!" Ohne sich lange zu besinnen, stürzte Jobst sich in die Fluten, sogar seinen Dudelsack nahm er mit. Die Isar war aber in eben jenen Tagen ein wilder und ausgesprochen reißender und gnadenloser Fluss. Sie verschlang das Schmuckstück ebenso wie den Spielmann und ließ beide nicht wieder los.

„Wie konntet Ihr den hübschen Jüngling in den sicheren Tod springen lassen?", fragte eine von Ottilias Gefährtinnen entsetzt. Aber diese zuckte bloß mit den Schultern: „Er wollte es doch nicht anders!"

So selbstbewusst sie sich bei Tage gab, so arg wurde es für sie in der Nacht. In ihren Träumen toste das Wasser und vermischte sich mit einer immer wiederkehrenden Melodey: „Tulip, tulip, tulip!"

Morgens wachte sie auf und fühlte sich wie gerädert. In der dritten Nacht hielt Ottilia es nicht mehr aus, sie hastete zur Isar und hielt Ausschau nach dem Spielmann, entdeckte ihn aber nirgends. Rastlos lief sie am Ufer entlang und konnte mit ihrer Suche nicht aufhören. Ihre goldenen Haare verfingen sich im Schilf, setzten Moos an und wurden grüner und grüner, wässrig wurde ihr Blick durch das ewige Starren auf den Fluss. Ihre Kleider zerzausten, bald ging sie gebückt und kannte nur noch eine Sprache: „Tulip, tulip, tulip!"

So kam der Tag, an dem sie selbst dem kühlen Nass nicht mehr widerstand, und sie ließ sich ins Wasser gleiten. Aber die Isar war nicht so gnädig, sie in ihren Fluten zu begraben. Stromaufwärts und stromabwärts schwamm Ottilia, die ihren Namen vergessen hatte und zu einer Nixe geworden war.

Der, den sie rief, blieb auf immer verschollen. Und so suchte sie rastlos weiter und immer wieder ertönte ihr geisterhafter Lockruf „Tulip, tulip, tulip!". Die Isar von der Marienklause bis zur Reichenbachbrücke wurde zu ihrem Reich. Und wehe dem Wanderer, der hier eindrang und ihr Klagelied vernahm, den zog sie gnadenlos ins eiskalte Isarwasser, wo er sein ewiges Grab fand wie einst ihr verschmähter Jobst.

Besonders bei den Flößern, die mit ihren aus Baumstämmen zusammengebundenen Flößen regelmäßig das wilde Wasser befuhren, waren die Isarauen gefürchtet. So stark und tapfer die Flößer sonst waren, sobald einer von ihnen durch das Reich der Isarnixe musste, fing er laut an zu beten und besonders Findige verstopften sich die Ohren sogar mit Wachs, um ihr „Tulip, tulip, tulip!" nicht hören zu müssen. Denn wer das Lied der Nixe vernahm, dem war der Tod durch Ertrinken sicher.

Bis heute soll die Isarnixe in der Gegend zwischen Marienklausenbrücke und Reichbachbrücke am Isarhochufer spuken. Also haltet euch besser die Ohren zu, wenn ihr an der Isar entlangspaziert! An einem Brückenpfeiler der Reichbachbrücke findet ihr sogar ein Steinrelief, auf dem die berüchtigte Isarnixe abgebildet ist.

Oder ihr nehmt neben der Marienklausenbrücke die zahlreichen Gedenktäfelchen genauer unter die Lupe, die dort für Ertrunkene aufgestellt wurden. Es wird gemunkelt, dass einige von ihnen Opfer der Isarnixe wurden.

Das Pestgespenst

Wie jeden Freitag um sieben Uhr morgens, machte sich die Magd Franziska auf den Weg zum Markt, um für ihre Herrschaften einzukaufen. „Fisch, Eier, Rüben, Brot und ein Suppenhuhn, alles muss frisch sein", murmelte sie leise im Takt ihrer Schritte. „Fisch, Eier, Rüben, Brot und ein Suppenhuhn, alles muss frisch sein."

Sie wusste nicht, wie oft sie die Aufzählung der Waren wiederholt hatte, bis sie am ersten Marktstand eintraf. Denn zählen konnte Fanny, wie alle sie nannten, nicht besonders gut. Und schreiben konnte sie gar nicht. Eine Schule hatte sie nie besucht und war schon als junges Mädchen in Stellung gegangen. Sie arbeitete auch heute noch für die Herrschaften, die sie einst eingestellt hatten.

Das war ein Segen für Fanny und ihre alten Eltern, denen sie jeden Monat einen Teil ihres Lohns überließ, damit sie nicht Hunger und Durst leiden mussten. Seit Jahren schon tat sie fleißig ihren Dienst, sie war ehrlich und ließ sich auch ansonsten nichts zuschulden kommen.

„Fisch, Eier, Rüben, Brot und ein Suppenhuhn!", rief sie dem jungen Mann hinter dem Stand zu.

Fanny hatte den Mann hier noch nie gesehen. Er hatte dunkles dichtes Haar, das sich ein wenig lockte. Nicht zu viel und nicht zu wenig, das fiel Fanny sofort auf. Seine Augen leuchteten wie zwei Sterne aus seinem ebenmäßigen Gesicht. Auch das entging ihr nicht.

„Guten Morgen, schönes Fräulein." Das Lächeln, das der junge Mann ihr schenkte, wärmte ihr die Wangen und färbte sie zartrosa. Fanny schlug die Augen nieder, grundlos, das glaubte sie zumindest.

„Und ... und ... und alles muss fesch sein!", stotterte Fanny.

„Mein verehrtes Fräulein, ich würde Ihnen gern alles verkaufen, was Ihr Herz begehrt", lachte der junge Mann, „aber sehen Sie doch: Wir verkaufen hier nur Eier."

Tatsächlich. Wie hatte sie das nur übersehen können! Alle Körbe am Stand waren gefüllt mit Eiern. Mit sonst nichts. Fanny hätte sich ohrfeigen können, so peinlich war ihr das Missgeschick.

„Ob die Eier obendrein noch fesch sind, müssen Sie allerdings selbst beurteilen", feixte der junge Mann. „Und fesch sollten sie natürlich sein, damit sie es verdient haben, am Ende auf Ihrem Teller zu landen."

Oh, warum hörte er nicht auf zu reden? Er machte doch alles nur noch schlimmer!

„Zwanzig Eier", sagte Fanny rasch und reichte ihm den Weidenkorb.

Der junge Mann tat, als würde er jedes Ei einzeln begutachten, um ihre Qualität zu prüfen. Endlos kam Fanny die Zeit vor, bis die bestellten Eier in ihrem Einkaufskorb lagen. Das Bezahlen konnte ihr nicht schnell genug gehen, sie griff den Korb und wollte weitereilen, als er ihr hinterherrief: „Warten Sie, Fräulein, ich bringe Sie zu den Ständen, die nur die besten Waren verkaufen!"

Kaum hatte er das gesagt, stand er auch schon neben ihr und zog sie mit sich. Mit dem Händler, der fangfrischen Fisch feilbot, handelte er einen guten Preis aus. So machte er es auch an den Ständen für die Rüben und das Brot. Zum guten Schluss konnte Fanny noch das fetteste Suppenhuhn auf dem Markt zu kleinem Preis in ihrem Korb verstauen. Anders als sonst hatte sie am Ende auch noch Geld übrig. Das würde ihre Herrschaften freuen, da war sich Fanny sicher.

„Danke", sagte sie leise.

„Mein Name ist Vinzenz", antwortete der junge Mann und schaute ihr fest in die Augen.

Als es Fanny vor lauter Verlegenheit die Sprache verschlug, drückte er ihr die Hand. „Auf Wiedersehen Fräulein … äh … wie war doch gleich Euer Name?"

„Fanny", antwortete sie kaum hörbar.

„Auf Wiedersehen, Fanny."

Fanny drehte sich um und lief, so schnell sie nur konnte, nach Hause. Ob ihr Herz so klopfte, weil sie so gerannt war oder aus einem anderen Grund, wusste sie selbst nicht, als sie endlich die Tür zur Küche hinter sich schloss.

Aufgeregt erzählte sie der alten Küchenmamsell, was ihr widerfahren war und warum sie noch so viel Geld mit zurückgebracht hatte. Die Mamsell lächelte nur verschmitzt. „Aha, so so", waren ihre einzigen Worte.

Fanny konnte sich nicht erklären, warum es in der kommenden Woche so lange dauerte, bis endlich wieder Freitag war.

Auch dieses Mal begleitete sie Vinzenz bei ihren Einkäufen und verhandelte, um den günstigsten Preis für sie zu erzielen. So ging das viele Wochen lang, bis Vinzenz sie bat, sich am Sonntag mit ihm zu einem Spaziergang an der Isar zu treffen.

„Oder musst du auch an diesem Tag arbeiten?", fragte er.

„Nur am Vormittag", antwortete Fanny. „Am Nachmittag habe ich frei, um meine alten Eltern zu besuchen."

„Meinst du, sie könnten einmal auf dich verzichten?"

Noch am selben Abend besuchte Fanny Vater und Mutter, um ihren nächsten Sonntagsbesuch abzusagen. Als sie ihrer Tochter ins Gesicht schaute, ahnte die Mutter schon, was dahinterstecken könnte, aber sie sprach es nicht aus. Wenn sie nur am Sonntag darauf wiederkäme, wäre es schon in Ordnung, meinte der Vater.

Es wurde der schönste Sonntag, an den sich Fanny auch später noch erinnern würde. Die Sonne schien vom Himmel und die Luft war voller Frühlingsdüfte, während sie am Wasser entlangspazierten. Als sie einmal Rast machten, um sich auszuruhen, ergriff Vinzenz Fannys Hand.

„Willst du meine Frau werden?", fragte er rundheraus mit erwartungsfrohem Blick. Bei ihrem „Ja" schien Fannys Herz für einen Moment auszusetzen – vor Aufregung.

Wenige Tage später machte Vinzenz Fannys Eltern seine Aufwartung und bat, so wie es sich geziemte, um die Hand ihrer Tochter. Glücklich, dass ihre einzige Tochter einen aufrichtigen und fleißigen Mann gefunden hatte, gaben sie ihr Einverständnis zur Vermählung.

Von nun an trafen sich die beiden Verliebten, so oft sie nur konnten. Und weil beide tagsüber ihrer Arbeit nachgehen mussten, konnten sie sich, außer an wenigen Sonntagen, nur an den Abenden sehen.

Es wurde Sommer, es wurde Herbst und als schließlich der Winter hereinbrach und die Tage kürzer wurden, musste sich Fanny abends in der Dunkelheit auf die Straßen begeben, um ihren Liebsten zu sehen.

Schneller als am Tag verflog die Zeit, ohne dass sie es bemerkten. Einmal wurde es so spät, dass es schon zur Mitternacht läutete. Erschrocken sprang Fanny auf. Sie musste auf dem schnellsten Weg nach Hause. Sie hatte gar keine andere Wahl, als die Abkürzung über den Friedhof hinter der Kirche Sankt Peter zu nehmen. Nein, Vinzenz müsse sie nicht begleiten, sagte sie. Auch er müsse doch früh aufstehen, es würde schon alles gutgehen. Wohl war Vinzenz nicht dabei, aber er willigte ein. Wohl war auch Fanny nicht, durch die dunklen Gräberreihen des Friedhofs zu eilen.

Das Grauen packte sie dann mit eiskalter Hand, als sie im Halbdunkel eine düstere Gestalt in einem langen schwarzen Gewand und verhülltem Gesicht auf einer Treppe sitzen sah. So schnell ihre Füße sie tragen konnten, rannte Fanny zum Friedhof hinaus und eilte weiter, ohne anzuhalten.

Am Marienplatz, der damals noch Schrannenplatz hieß, drehte sie sich zum ersten Mal um und stellte mit Entsetzen fest, dass das Gespenst ihr auf den Fersen war. Fast schien es über dem Boden zu schweben, wie es sie mit unnatürlich tänzelnden Schritten und wehendem Gewand verfolgte. Ihr Schrecken mehrte sich, als sie der unheimlichen Gestalt im Schein der Laternen ins Gesicht blickte. Die Haut blass und blutleer, die Augen tief in ihren Höhlen versunken, grinste sie das Ungeheuer hinterhältig an.

Die Magd hastete weiter und schaffte es mit letzter Kraft, das Haus ihrer Herrschaften zu erreichen. Als sie die schwere Holztür hinter sich zuwarf und sich in Sicherheit wähnte, musste sie erkennen, dass das Gespenst bereits da war. Bevor sie in Ohnmacht fiel, hörte sie noch, wie das unheimliche Wesen ihr zurief: „Ich bin der Schwarze Tod und werde von hier aus Einzug in die Stadt halten, damit das große Sterben beginnt."

Fannys Herrin glaubte Fanny nicht, als sie ihr nach ihrem Erwachen unter Tränen berichtete, was geschehen war. Und doch kam es, dass am darauffolgenden Tag der alte Onkel der Hausherrin an der Pest erkrankte und bald verstarb. In der folgenden Zeit taten es ihm tausende von Menschen gleich.

Wie durch ein Wunder überlebte Fanny die Seuche, genau wie ihr liebster Vinzenz. Und sogar Fannys alte Eltern überstanden die Pest und lebten noch so lange, bis ihre Tochter vermählt war und alle Enkel gesund das Licht der Welt erblickt hatten.

Und immer, wenn Fanny einmal das schlechte Gewissen plagte und sie meinte, Schuld am Ausbruch der schrecklichen Seuche gewesen zu sein, nahm ihr geliebter Mann Vinzenz sie in die Arme und sagte: „Der Teufel und die Pest haben eins gemeinsam: Sie schrecken zurück, wenn die Liebe regiert. So wie bei uns."

Die Pest und der schwarze Tod hatten damals viele Gestalten. Im Mittelalter stellten sich manche die Pest auch als Lindwurm vor. Die drachenartige Gestalt soll in der Stadtmitte, in der Nähe des damaligen Marktplatzes aus der Erde gekrochen sein und von dort aus die Pest verbreitet haben. Daran erinnert ein besonders beeindruckendes Relief am sogenannten Wurmeck, der südwestlichen Ecke des „Neuen Rathauses", an der die Weinstraße in den Marienplatz mündet. Darüber wird in drei Steintafeln die Sage vom Münchner Lindwurm erzählt.

Auch auf dem Sockel der Mariensäule treten vier sogenannte Heldenputti, also vier bewaffnete Engelskinder, gegen die vier schlimmsten Plagen der Menschheit an, hier wird die Pest allerdings von einem Basilisken verkörpert, einem Fabelwesen halb Hahn, halb Schlange.

In Wirklichkeit waren es wohl Ratten, Mäuse und Flöhe, die den Pesterreger übertragen haben.

Der Tanz der Schäffler

Vor vielen hundert Jahren hatte die Pest in der Stadt gewütet und eine Vielzahl von Menschen dahingerafft. Eine wirksame Medizin gegen diese hochgradig ansteckende Infektionskrankheit, die nicht umsonst auch „der schwarze Tod“ genannt wurde, gab es zu dieser Zeit noch nicht. Aus Angst vor Ansteckung hatten sich die Bewohner in ihren Häusern verrammelt. Selbst als die Seuche schon verschwunden war, blieben die Straßen nahezu menschenleer.

Das fiel auch dem Loisl auf, einem jungen Fassmacher, der sich auf den Weg gemacht hatte, um einer Versammlung seiner Zunft beizuwohnen. Dasselbe düstere Bild erwartete ihn, als er den Zunftsaal betrat. Vor dem Ausbruch der Seuche war jeder Stuhl besetzt gewesen, doch nun sah er auf leere Stuhlreihen. Es waren nur wenige Genossen gekommen.

„So kann es nicht weitergehen. Wir müssen etwas tun!“, rief er seinen entschlossenen Zunftbrüdern zu.

„Warum ausgerechnet wir?“, tönte ein grantiger Zünftler.

„Warum nicht wir?“, fragte Loisl zurück. „Wenn keiner was tut, dann bleibt’s doch, wie’s ist.“

„Ach, wir können die Leute doch nicht zwingen, aus ihren Häusern zu kommen“, brummte einer der älteren Genossen.

„Zwingen nicht, das ist wohl wahr“, schmunzelte Loisl, dem bereits eine Idee durch den Kopf ging. „Aber wir können sie aus den Häusern locken!“ Er lachte aus vollem Herzen und steckte die anderen damit an. „Und ihnen Freude und Vergnügen schenken. Das ist’s doch, was wir jetzt am nötigsten brauchen.“

Der Alte blieb skeptisch. „Und wie willst du das anstellen? Das mit dem Vergnügen, mein ich.“

„Wir tanzen!“, rief Loisl, sprang von seinem Stuhl auf, hüpfte auf den Tisch und schwang das Tanzbein.

Seine ersten Schritte wurden von höhnischem Gelächter begleitet, doch dann fanden die Genossen Gefallen an der verrückten Idee des jungen Schäfflers. Und sei es nur, weil sie merkten, wie sehr sie selbst Vergnügen und Spaß vermisst hatten.

„Wenn wir das machen, dann müssen wir uns aber auch festlich kleiden“, rief einer in die Versammlung hinein.
„Jawoll! Am besten in rotem Tuch, damit wir weithin gut sichtbar sind!“, meinte ein anderer.

Nacheinander trug die Zunftversammlung alle Vorschläge zusammen. Selbst die Grantler unter den Zunftgenossen ließen sich nun von Loisls Begeisterung mitreißen. Am Ende einigte man sich auf rote Jacken, schwarze Kniebundhosen und weiße Kniestrümpfe. Dazu eine grüne Kappe mit weißer und blauer Feder und ein sogenanntes „Pestband“, das quer über der Brust läuft, im Gedenken an den Ursprung des Tanzes.

Dem Loisl reichte das noch nicht. „Den Triumph über die Seuche sollen alle sehen. Die Menschen sollen sich nicht nur an den Schrecken erinnern“, rief er in die Runde. „Froh und dankbar sollen sie sein, alles überstanden zu haben.“ So erfand man noch Bögen aus Buchsbaumzweigen, die an den Triumph über die Seuche erinnern sollte. Diese Bögen sollten während des Tanzes von den Männern getragen werden.

So weit so gut. Doch dann kam das Tanzen. Das musste geübt und einstudiert werden. Selbst dem Loisl fiel es nicht so leicht, wie er gedacht hatte. Aber da er das Ganze angezettelt hatte, wollte er sich auch nicht einfach davonschleichen. Es wurde für alle eine schweißtreibende Angelegenheit. Waren sie doch zwar harte Arbeit gewohnt, aber nicht das gemeinschaftliche Tanzen. Anfangs stolperten sie noch über ihre eigenen Füße, gerieten aus dem Takt oder konnten sich die festgelegten Schritte nicht merken.

„Wir können froh sein, dass uns keiner zuschaut“, lachte der Loisl. „Wir rennen ja rum wie die aufgeschreckten Hühner!“

Aber mit jeder Probe wuchs auch der Ehrgeiz, es gut und richtig zu machen. Nachdem anfangs noch der eine oder andere aussteigen wollte, blieben doch alle dabei, bis der große Tag gekommen war.

Voller Lampenfieber zogen die fesch gekleideten Burschen mit ihren Buchsbaumbögen auf die Straßen. Es hatte sich wohl herumgesprochen, denn so einige Fenster, die vorher verschlossen waren, wurden geöffnet und neugierige Gesichter erwarteten die Schäffler. Selbst die Türen gingen auf und Hausbewohner strömten nach draußen, um dem Schauspiel beizuwohnen.

Perfekt war ihre erste Aufführung noch nicht. Den Zuschauern war's egal, denn so etwas hatte es zuvor noch nie gegeben. Sie jubelten, sie applaudierten und sie feierten zusammen mit den Schäfflern.

Im Lauf der Jahre und Jahrhunderte hat sich der Tanz verändert, weil immer einer noch etwas sah, das verbessert werden konnte. Manche Formation entstand aber auch, weil den Tänzern während ihrer Vorstellung ein Missgeschick passierte. So gerieten einmal ein paar junge Schäffler aus dem Takt und ihre Bögen verhedderten sich. Sie hatten

Mühe, sie wieder voneinander zu trennen und es dabei gleichzeitig aussehen zu lassen, als gehörten die ineinander verschlungenen Bögen zur einstudierten Schrittfolge. Als dann einer aus dem Publikum rief: „Das sieht ja aus wie eine Krone!“, wussten sie, dass es gelungen war, den Fehler nicht nur zu verheimlichen, sondern sogar etwas Neues entstehen zu lassen. So wurde diese, aus einem Missgeschick entstandene Formation Teil des Tanzes.

Auf ähnliche Weise soll der Auftritt der Reifenschwinger entstanden sein. Da gab es zwei Burschen, die zwar geschickt mit ihren Händen waren, aber so ungeschickt mit ihren Füßen, dass sie zum Tanzen einfach nicht zu gebrauchen waren. Mitmachen wollten sie aber um jeden Preis. So überlegten sie, was sie beitragen konnten und hatten auch bald eine Idee. Heimlich studierten sie ein, was sie sich ausgedacht hatten und führten es den anderen bei einer Probe vor. Dabei ließ jeder zwei Ringe gleichzeitig um seine Arme kreisen. Die Holzringe, die an die Eisenringe erinnerten, die jedes Fass zusammenhielten, schwangen sie so gekonnt und so schnell, dass darin sogar ein gefülltes Schnapsglas stehenblieb und kein Tropfen verloren ging.

„Ja! Das ist was! Das wird eine Gaudi!“, rief der Vorsteher der Tänzergruppe begeistert und ließ die beiden Reifenschwinger beim nächsten Tanz mitmachen. Sehr zum Vergnügen des Publikums. Seither gehören die Reifenschwinger zum festen Stamm der Tanztruppe.

Der Kasperl hingegen war von Anfang an mit von der Partie. Nur sein Kostüm sah zu Beginn noch ganz anders aus. Dass es heute viel bunter ist als damals, kam so: Einer, der den Kasperl darstellte, brauchte ein neues Kostüm. Sein altes war ihm zu eng geworden. Der Schneider, der ihm ein neues Wams nähen sollte, hatte zwar Zeit, aber es fehlte ihm an Stoffen. Die waren Mangelware zu dieser Zeit und er musste warten, bis die nächste Lieferung aus der Weberei eintraf.

„Hier schau“, rief der Schneider und deutete auf einen alten Kartoffelsack. „Nur alte Flicken und Tuchschnipsel hab ich noch. Daraus ist beileibe kein Wams zu nähen.“

„Warum nicht?“, lachte der Schäffler. „Wer will einem Kasperl schon ein Gewand aus Flicken übelnehmen?! Damit sieht mich wenigstens ein jeder!“

Der Schneider musste ihm wohl oder übel recht geben. Und als er dann zunächst missmutig begann, die Flicken zusammenzusetzen, fand er nach und nach Gefallen daran. Seine Schneiderehre verlieh ihm den nötigen Ehrgeiz, und er gab sich ganz besonders Mühe, aus allen Stoffresten, egal welcher Farbe, ein hübsches buntes Kostüm zu nähen. Und wahrlich: Der Kasperl erregte mit seinem Kostüm viel Aufsehen. Vor allem den Kindern gefiel der buntgescheckte lustige Geselle, der allerlei Quatsch machte und ständig aus der Reihe tanzte. Deshalb finden sich auch in unseren Tagen neben den 20 Tänzern und dem Fähnrich zwei Kasperl in der Truppe der Schäfflertänzer. Sehr zur Freude der Kinder.

Die Schäffler sind Fassmacher und damit Vertreter eines sehr alten Handwerksberufs. Ein Schaff war ein nach oben offener Behälter, von ihm leitet sich die Berufsbezeichnung ab. Tatsächlich sollen bereits 1517 die Schäffler zum ersten Mal in München getanzt und damit die jahrhundertealte Tradition begründet haben. Bis heute wird der Tanz alle sieben Jahre aufgeführt und zwar zwischen Heilig-Drei-König und Faschingsdienstag.

Wer nicht so lange warten will, kann sich zwei fesche Schäfflerfiguren in ihrer traditionellen Tänzertracht am sogenannten Schäfflereck anschauen (der Kreuzung von Schäffler-, Wein- und Theatinerstraße) oder sogar einen Ausschnitt des Tanzes im Glockenspiel vom Neuen Rathaus auf dem Marienplatz erleben.

Das wahre Alter eines echten Münchners berechnet sich übrigens nicht nach seinen Lebensjahren, sondern danach, wie oft er schon den Schäfflertanz miterlebt hat.

Ein Ritterturnier zur Hochzeit

Es war ein Hochzeitsfest, wie es kaum ein zweites gab, als Herzog Wilhelm V. von Bayern und Renate von Lothringen vor langer, langer Zeit heirateten.

Die Festivitäten in der Münchner Residenz dauerten volle 18 Tage. Aus ganz Europa kamen die Gäste in ihren Kutschen angereist, so dass am Ende 5000 Pferde untergebracht und versorgt werden mussten.

Die kirchliche Trauung fand in der Frauenkirche statt. Beim anschließenden Zug zum Dom war auch das Volk auf den Beinen, um wenigstens einen kurzen Blick auf die Hochzeitsgesellschaft erhaschen zu können. Den wenigsten dürfte dieser Blick vergönnt gewesen sein, denn alle Straßen rundum waren voller Menschen, so dass es kaum ein Vorwärtskommen gab.

Mit einem Festmahl, mit Tanz und dem feierlichen Geleit der frisch Vermählten zu ihrem Schlafgemach, wurde dieser Tag beendet. An den weiteren Tagen wurden allerlei Ritterspiele veranstaltet, Festschmäuse abgehalten und mit Tanz, Musik und Theater fröhlich weitergefeiert. Frühmorgens besuchte man die katholische Messe, ehe man sich den weltlichen Vergnügungen widmete. Manche der Männer beteiligten sich an Fechtübungen oder gingen auf die Jagd vor den Toren Münchens. Die Abende endeten mit großen Feuerwerken, die weit über die Stadtgrenze hinaus sichtbar waren.

Einen Höhepunkt des Festes bildete das Ritterturnier. „Ein herrliches Ritterspiel zu Ross und zu Fuß“, wie es angekündigt wurde. Der Marienplatz, damals noch Hauptplatz genannt, war dafür auserkoren und hergerichtet worden. Die Turnierbahn war dick mit Sand aufgeschüttet und mit weißen Brettern abgesperrt. An den beiden schmalen Seiten führte je ein hoher geschmückter Triumphbogen auf die Bahn.

Die Luft war erfüllt von den unterschiedlichsten Klängen. In das fröhliche Stimmengewirr der Zuschauer mischten sich Rufe der Reitknechte und Befehle des Zeremonienmeisters. Hier stimmten Musiker ihre Instrumente, dort schnaubten die Pferde und scharrten aufgeregt mit den Hufen. Als sich die Kampfritter in ihren Rüstungen feierlichen Schrittes zu ihren Pferden begaben, verstummte das Geschnatter, Gemurmel und Gelächter der geladenen Gäste.

Die Musiker nahmen ihre Plätze ein. Mit den ersten Trommelschlägen begann der Einzug der Kampfritter. Vor der Ehrentribüne nahmen sie Aufstellung. Unter ihnen war auch Caspar, der fest entschlossen war, das Turnier für sich zu entscheiden. Wie er selbst, war auch sein Schlachtross kampferfahren und in bester Kondition.

Caspar hielt Ausschau nach Anna, der holden Maid, in die er sich unsterblich verliebt hatte. Allein, wenn er nur an ihr hübsches Gesicht und ihr unwiderstehliches Lächeln dachte, pochte sein Herz. Anna war Hoffräulein am herzoglichen Hof. Schon bei ihrer ersten Begegnung hatte Caspar gewusst, dass sie diejenige war, die er lieben, ehren und beschützen wollte. Erst vor kurzem hatte er ihr – vor ihrer und vor aller Augen – seine Liebe gestanden.

Bei einem anderen Turnier, wenige Wochen zuvor, hatte er seinen Helm nicht mit Büffelhörnern geziert, wie es sonst üblich war. Er hatte eine Puppe anfertigen lassen, die Anna aufs Haar glich. Diese Puppe hatte er anstelle der Büffelhörner auf seinen Helm setzen lassen. Ja, die Puppe trug sogar die gleichen Kleider, wie sie Anna an diesem Tag getragen hatte. Das wusste er, denn er hatte zuvor Spione losgeschickt, um zu erkunden, für welches Gewand sich das Fräulein entscheiden würde. Und er erzielte damit die Wirkung, die er beabsichtigt hatte. Die junge Dame verstand den Liebesbeweis durchaus und zeigte sich hocherfreut. An ihr lag es nicht. Es war der Mut, der dem ansonsten so tapferen Ritter fehlte, nach dem Turnier seine Angebetete zu bitten, seine Frau zu werden.

Heute saß Anna wiederum auf der Tribüne. Caspar hatte sie in den Zuschauerreihen bereits entdeckt. Für Anna, und nur für sie, wollte er den Sieg an diesem Tag erringen. Danach würde er um ihre Hand anhalten. Dieses Mal würde er es tun. Das schwor er bei allem, was ihm heilig war.

Reitknechte, Pagen und Stabträger hatten ihre Plätze eingenommen. Die Richter und Notare saßen an den Seiten, um auf die Einhaltung der Regeln zu achten und am Ende zweifelsfrei den Sieger bestimmen zu können.

Trommelwirbel erklang. Caspar schloss das Visier seines Helms. Sein erster Gegner war ein junger Ritter, ein Heißsporn, aber noch unerfahren im Kampf. Ihn mit seiner Lanze vom Pferd zu stoßen, war ein Leichtes. Für seinen nächsten Gegner brauchte Caspar jedoch mehr Konzentration und Kampfeswillen. Seinen Rivalen fest im Blick ritt er los.

„Für dich, Anna!", presste er zwischen seinen Lippen hervor und gab seinem Pferd die Sporen. Mit lautem Kampfesschrei stieß er mit seiner Lanze zu, traf die Brust des Rivalen und warf ihn vom Pferd.

So gewann er Runde um Runde, bis er schließlich im Finale gegen den Lothringer stand. Ein ebenbürtiger Gegner, gegen den er schon das ein oder andere Mal angetreten war. Caspar warf einen letzten Blick zu Anna auf die Tribüne und schickte ein Stoßgebet zum Himmel.

Mit der Lanze in der rechten Hand galoppierte er auf den Lothringer zu. Er sah noch, wie sein Rivale mit seiner Lanze auf ihn zielte und zustieß. Doch nur den Bruchteil einer Sekunde später stieß auch Caspar zu. Und zwar im rechten Moment und nicht, wie der Lothringer, zu früh.

Die gegnerische Lanze verfehlte seine Brust, doch er traf. Er traf mit großer Wucht. Der Lothringer verlor das Gleichgewicht und stürzte zu Boden. Die Menge sprang auf und jubelte Caspar zu. Auch die Richter waren sich einig: Caspar war der Gewinner des Turniers. Doch er hatte nicht nur den Wettkampf gewonnen, sondern auch das Herz seiner Angebeteten.

Es ist jeden Tag ein großes Spektakel, wenn um 11 Uhr, 12 Uhr und von März bis Oktober zusätzlich um 17 Uhr etwa auf Höhe des Neuen Rathausdaches eines der größten Glockenspiele Deutschlands erklingt und sich die Figuren drehen.

43 Glocken und mit dem Fürstenpaar und seinem Hofmarschall insgesamt 16 Figuren stellen das Turnier zur Hochzeit von Herzog Wilhelm V. von Bayern mit Renate von Lothringen vom Februar 1568 nach. Jeden Tag wieder triumphiert der bayerische Ritter beim Wettkampf in der zweiten Runde über seinen lothringischen Gegner und unzählige Leute schauen von unten zu. Anschließend drehen sich die Schäffler eine Etage tiefer im Tanze.

Was nicht ganz so bekannt ist, auch um 21 Uhr spielt das Glockenspiel noch einmal. In den Säulensockeln links und rechts des Hauptspiels taucht abends zuerst der Nachtwächter auf und dann begleitet der Friedensengel das Münchner Kindl zur Nachtruhe.

Der Alte Peter

München war und blieb dem Teufel ein Dorn im Auge. Zu viele gläubige Menschen, die brav jeden Sonntag in die Kirche gingen und dann auch noch neue und größere Kirchen bauten, damit noch mehr Menschen zu „ihm", dessen Namen er nicht einmal denken wollte, beteten.

Den größten Groll hegte der Teufel gegen Sankt Peter, die älteste Pfarrkirche Münchens, denn damit hatte das Übel angefangen. Wie sie da so beschützend auf dem Petersbergl thronte und mit ihrem Turm auf die ganze Stadt herabblickte, das trieb den Herrn der Hölle zur Weißglut, wenn er die Peterskirche bloß von der Ferne sah. Und wie die Münchner von dem Turm sprachen, als ob er ein guter Freund wäre, der Alte Peter. Na, denen würde er es zeigen!

Versucht hatte er es bereits im letzten Jahrhundert. Da hatte er den Münchnern einen seiner Feuerteufel geschickt. Ein emsiger Bursche, der es geschafft hatte, ein Drittel der Stadt niederzubrennen und sogar einen Teil der verhassten Kirche. Der größte Triumph für den Höllenfürsten war der Einsturz der zwei Türme gewesen, die St. Peter früher gehabt hatte.

„Davon erholen sie sich nicht, diese lästigen Münchner!", dachte der Oberteufel und widmete sich für eine Weile anderen Städten und Aufgaben.

Aber kaum hatte er wieder hingesehen, eigentlich, um sich an der Ruine zu erfreuen, da stand die Kirche wieder, sogar größer als zuvor, und einen Turm hatte sie auch. Eben jenen Alten Peter.

„Den werde ich euch einfach wieder kaputt machen!", rief der Teufel. „Was einmal geklappt hat, das klappt auch ein zweites Mal!"

Diesmal beschloss er, es höchstselbst zu erledigen. Zur Verstärkung nahm er allerdings noch ein paar Unterteufel mit. Er musste unbedingt die Geisterstunde zwischen Mitternacht und ein Uhr nutzen. Das war die beste und einzige Zeit, zu der er keine Einmischung von „oben" befürchten musste.

„Helft mir, ihren Peter zu zerstören! Noch einmal schaffen sie bestimmt nicht genug Geld heran, um ihn wiederaufzubauen", befahl der dunkle Herrscher seinen dämonischen Begleitern.

Schon beim Anflug auf die Stadt war er zu sehen, der Alte Peter. Die Vorfreude bei den Teufeln wuchs mit jedem Meter, den sie sich ihm näherten. Sie umrundeten ihn, um die ersten Steine zu lockern. Das würde ein Kinderspiel werden!

Womit die dunkle Bande nicht gerechnet hatte, war, dass jemand um diese nachtschlafende Zeit in dem Turm sein könnte. Genau genommen war daran sogar der Teufel selbst schuld, es war nämlich der Türmer – ein Wächter, der besonders seit der großen Brandkatastrophe die Aufgabe hatte, bei dem kleinsten Anzeichen von Feuer Alarm zu schlagen.

Der Türmer hielt auch nachts Ausschau und sah die Teufelskerle sofort, die seinen Turm angriffen. Ihm blieb fast das Herz stehen. Was sollte er denn jetzt tun? Er könnte in sein Horn blasen, um Hilfe zu holen. Aber bis auch nur einer die unzähligen Stufen zu ihm heraufgestiegen wäre, hätten die Teufel längst den halben Turm zerstört. Das würde er auf keinen Fall zulassen! Beherzt griff er sich die einzige Waffe, die er bei sich oben in der Türmerstube finden konnte: ein großes Kreuz.

„Im Namen des Herren, weicht von Gottes Turm!", brüllte er und ging auf den Teufel und seine Dämonen los. Die wehrten sich und traten mit den behuften Pferdefüßen nach ihm, doch der Türmer war zum Glück ein kräftiger und unerschrockener Mann. Er wich den Tritten aus und schlug mit dem Kruzifix zu.

Bei den Unterteufeln genügte meist ein Treffer mit der heiligen Waffe, und sie lösten sich buchstäblich in schwarzen Rauch auf. Beim Höllenfürsten war das allerdings anders. Er hielt die Schläge aus, auch wenn sie ihn trafen und teilte selbst sehr kräftig aus. Gleichzeitig schaffte er es, immer wieder am Alten Peter zu ziehen und zu zerren. Nach einer Weile waren dem braven Türmer die Arme schon ganz lahm und er konnte kaum noch stehen. Auch der Teufel hatte bereits weißen Schaum vor dem Mund vor lauter Anstrengung.

„Gib auf!", brüllte er dem Türmer zu.

„Niemals!", schnaufte der zurück und hob noch einmal das Kruzifix.

Dong – ließ sich die erste Glocke hören und alle anderen Münchner Glocken stimmten mit ein und läuteten zum Ende der Geisterstunde. Da wusste der Teufel, dass er verloren hatte.

„Aber deine Seele krieg' ich noch!", drohte er dem Türmer wütend und trat im Abflug noch einmal mit aller Kraft gegen die Spitze vom Alten Peter. Der Türmer sackte in sich zusammen, er konnte seinen Sieg in dem Moment weder fassen, noch genießen, so erschöpft war er. Ihm fielen die Augen zu und er schlief auf der Stelle ein.

Als er am nächsten Morgen erwachte, glaubte er erst an einen Traum. „Wer hat schon je davon gehört, dass einer mit dem Teufel gerungen und es überlebt hat?", dachte er bei sich. „Ich bin schließlich bloß ein ganz normaler Türmer und kein Erzengel oder Drachentöter."

Doch dann fiel sein Blick auf das Kruzifix, das er immer noch mit seiner Hand umklammerte. Es war also wirklich passiert. Er musste sofort den Rat im Rathaus darüber in Kenntnis setzen!

So schnell er konnte, hastete er die Treppe nach unten, überquerte den Hauptplatz (damals hieß er noch nicht Marienplatz) und lief ins Rathaus. Die wenigen Ratsherren, die zu so früher Stunde bereits anwesend waren, lauschten dem Bericht des Türmers. Anschließend schüttelte der Erste, ein Mann mit grauem Bart, der einiges Ansehen genoss, den Kopf.

„Binde uns keinen Bären auf, Türmer! Was soll denn der Teufel von einem armen Tropf wie dir schon wollen, dass er mit so einem großen Aufgebot daherkäme?"

„Der wollte nicht mich, der wollte unseren Alten Peter!", beharrte der Türmer.

„I wo! Zu tief ins Glas wirst halt g'schaut ham, Türmer!", schaltete sich ein zweiter Ratsherr ein.

„Keinen Tropfen habe ich gestern getrunken!", verteidigte sich der Türmer.

Aber sie glaubten ihm nicht. Auch auf dem Markt, wo er den Getreidehändlern und Kräuterweiblein von der Nacht erzählte, lachten sie ihn aus.

„Eine rege Fantasie hast, das muss man dir lassen, Türmer", sagten sie. Bis einer der Fischhändler plötzlich mit zitterndem Finger hinauf deutete zum Turm der Peterskirche. „Schaut's doch hin! Er hat ja doch recht. Die Turmspitze sitzt ein wenig schief."

Alle Umstehende legten den Kopf in den Nacken und beäugten die Spitze.

„Sie ist wirklich schief", bestätigten die einen.

„Schmarrn", widersprachen die anderen. „Die ist doch kerzengerade!"

Da trat der bärtige Ratsherr hinzu, der vorhin noch als Erster dem Türmer misstraut hatte. Jetzt klopfte er ihm auf die Schulter und sagte: „Ich muss mich bei dir entschuldigen, Türmer, denn deine Geschichte ist wahr, das sehe ich jetzt ein! Ich kann zwar nicht genau erkennen, ob die Spitze schief ist oder nicht. Wohl aber, dass das Kreuz auf der Spitze um 90 Grad verdreht ist. Bis gestern zeigte es noch – wie alle anderen Kreuze auf den Münchner Kirchturmspitzen – von Westen nach Osten. Jetzt aber weist es von Norden nach Süden. Das kann nur der letzte Tritt des Teufels angerichtet haben, von dem du berichtet hast!"

So war der gute Ruf des Türmers wiederhergestellt und die Leute jubelten ihm zu: „Ein dreifaches Hoch auf unseren Türmer, der uns vor Schlimmerem bewahrt hat!“ Und die Ratsherren gaben ihm eine zünftige Brotzeit aus, auf dass er kräftig genug bliebe, um München auch weiterhin so gut zu beschützen.

Nur die Spitze vom Alten Peter hat bis heute keiner wieder zurückgedreht, vielleicht als Warnung, weil man sich nie sicher sein kann, wann er wieder vorbeischaut, „da Deifi“, wie der Teufel auf Bayerisch heißt.

Erkennt ihr, ob die Turmspitze schief ist oder nicht? Wenn ihr das Kreuz auf der Spitze mit dem Kreuz der Heilig-Geist-Kirche, die ein Stück unterhalb vom Alten Peter steht, vergleicht, dann seht ihr, dass es wirklich nicht in dieselbe Richtung gedreht ist. Ist euch außerdem aufgefallen, dass am Alten Peter acht Uhren hängen? Warum so viele? Das wusste der Münchner Kabarettist Karl Valentin: Natürlich, damit acht Leute gleichzeitig auf die Uhr schauen können!

Jetzt steigt ihr am besten die 306 Stufen im Inneren des Alten Peters hinauf und genießt oben auf der Plattform den fabelhaften Blick über ganz München bis in die Alpen.

Über den Turm gibt es ein Lied, das heißt: „Solang der Alte Peter.“ Nach dem Zweiten Weltkrieg wurde es so lange ohne die letzte Silbe gespielt, bis die damals leider wieder einmal zerstörte Kirche aufgebaut worden war. Im Radio des Bayerischen Rundfunks wird die Melodie heute noch als Jingle vor den Verkehrsdurchsagen verwendet.

Ein Hexenhäuschen im Schlosspark

Früher war das Leben nicht leicht. Die einfachen Menschen mussten zusehen, wie sie täglich ihr Brot auf den Tisch bekamen, und sorgten sich, dass das Dach über ihrem Kopf keine allzu großen Löcher hatte, durch die es hereinregnen konnte. Ein Prinz hatte es doch sicher viel besser, dachten die Leute. Sein Vater ist reich und kauft ihm alles, was er will. Er wohnt in einem schönen Schloss und jeden Tag gibt es nicht nur genug Brot, sondern sogar eine Pastete oder einen feinen Braten.

Hunger litten die Prinzen und Prinzessinnen wirklich nicht, aber ihr Leben war trotzdem nicht nur eitel Sonnenschein. Der kleine Prinz Ludwig zum Beispiel musste ständig umziehen, bloß weil sein Vater Max Joseph in eine neue Stadt oder sogar ein neues Land wechseln musste. Immer wenn er sich gerade eingewöhnt hatte, sollte er wieder weg. Und dann starb auch noch seine Mutter Auguste Wilhelmine, die er sehr liebgehabt hatte.

Karoline, die neue Frau seines Vaters, mochte Ludwig überhaupt nicht. Ständig mischte sie sich ein: „Sitz gerade beim Abendmahl!" „Renne nicht durch die Schlossgänge!" „Lass dir die Haare kämmen, du siehst ja aus wie ein Bauernbursche!"

Hinter ihrem Rücken streckte Ludwig seiner Stiefmutter regelmäßig die Zunge heraus. Karoline merkte natürlich, wie ablehnend ihr Ziehsohn ihr gegenüber war und wollte das gerne ändern. Die Gelegenheit ergab sich, als wieder ein Umzug anstand, diesmal nach München.

Ludwig war entsetzt als er das erste Mal Schloss Nymphenburg und vor allem den Schlosspark sah. „Alleen über Alleen!", maulte er. „Alles sieht so streng und langweilig aus!"

Im Nymphenburger Schlosspark gab es damals keinen Platz, um Verstecken zu spielen oder zum Baden und Boot fahren oder einen Wald, den Ludwig und seine Geschwister hätten durchstreifen können, um mal die strengen höfischen Regeln hinter sich zu lassen. Ludwig vergoss einige bittere Tränen wegen seines neuen Zuhauses. Und das brachte Karoline auf eine Idee.

„Können wir den Park nicht verändern lassen?", bat sie ihren Mann.

„Wir haben gerade sehr viel wichtigere Sorgen! Überall gibt es Revolutionen und Streit mit anderen Ländern und Königen", entgegnete Max I.

„Ach bitte, dann fühlt dein Sohn sich wohler. Ich kümmere mich auch darum, du kannst in Ruhe regieren!", bat Karoline.

Da gab Max nach, und sie durfte nach einem Gartenbauer suchen, der aus dem französischen einen verwildert wirkenden englischen Park gestalten sollte. Weil aber Ludwigs Geburtstag anstand und sie ihm sogleich eine Freude machen wollte, sollte er extra noch ein kleineres Gärtchen mit einem Pavillon aus Holz bekommen, in dem er spielen konnte. Zum allerersten Mal flog Ludwig seiner Stiefmutter regelrecht um den Hals, als sie ihn damit überraschte. Dann setzte er sich hin und malte das Holzhäuschen auf, das er sich in seinem Garten wünschte. Verwunschen und geheimnisvoll sollte es sein, eine Mischung aus verfallener Jagdhütte und Hexenhäuschen.

„Das kommt ja überhaupt nicht in Frage!", rief sein Vater, als er das Bild sah. „Das windschiefe Ding verschandelt mir ja den ganzen Park!"

Er ordnete an, dass für Ludwig ein orientalisch anmutendes Schlösschen gebaut würde, wie es zu dieser Zeit gerade Mode war. Ludwig hörte das und rannte in den Park, kauerte sich auf eine der Bänke und fing hemmungslos an zu weinen. Er wollte doch keine vornehme Kopie eines Schlosses, sondern einen Platz für Abenteuer und für seine Fantasie. Wie aus dem Nichts, saß plötzlich jemand neben ihm. „Wieso weinst du denn so?"

Ludwig kannte die ältere Frau nicht, aber sie reichte ihm ein kariertes Stofftaschentuch. Der Prinz schnäuzte sich, dann platzte er heraus: „Weil ich kein doofes Schloss haben will, sondern ein Hexenhäuschen!"

„Oh", sagte die Frau, „das ist doch eine sehr gute Idee!"

„Das findet mein Vater leider nicht", grummelte Ludwig.

„Vielleicht muss er es ja gar nicht mitbekommen", schmunzelte die Frau.

„Wie soll das gehen?" wunderte sich Ludwig. „Mein Vater ist der König, der merkt immer alles!"

„Lass mich nur machen", meinte sie. „Wenn du mir versprichst, dass ich nachts in deinem Häuschen übernachten darf, dann verspreche ich dir dein Traumhaus, ohne dass es ein Erwachsener merken wird."

Das konnte Ludwig ihr problemlos versprechen, denn in der Nacht musste er sowieso brav im großen Schloss schlafen.

Als das Gartenhaus ein paar Wochen später aufgestellt worden war, hüpfte Ludwigs Herz vor Freude. Wie die Alte es versprochen hatte, war es mit Holzschindeln gedeckt und die Außenwände waren so bemalt, dass alles reichlich verwittert aussah wie eine Ruine. Auch innen war es herrlich düster und verwinkelt. Nun wollte auch der König sehen, was aus dem Kinderschloss geworden war. Er flanierte mit der Königin am Arm von der Amalienburg, einer kleinen abgeschiedenen Burg im Schlosspark, in der man sich gelegentlich zu Jagd traf, herüber. Ludwig stolperte ängstlich hinterher. Was würde sein Vater unternehmen, wenn er sah, dass seine Anweisungen nicht befolgt worden waren? Er würde doch bitte, bitte sein kleines Paradies nicht wieder abreißen?

Max I. blieb stehen und musterte das Kinderschloss von oben bis unten. Ludwig erwartete das Donnerwetter, aber das blieb aus. Stattdessen sagte sein Vater voller Stolz: „Siehst du, Karoline, es war doch die richtige Entscheidung, ein Orientschloss bauen zu lassen. Sehr hübsch und ordentlich sieht es aus und wird Ludwig bestens auf seine künftigen Aufgaben als König vorbereiten." Die Stiefmutter nickte ergeben zu diesen Worten.

Ludwig aber rieb sich die Augen. Sah sein Vater etwa nicht dasselbe, was er sah? So musste es wohl sein. Aber das war Ludwig egal, Hauptsache, er hatte endlich einen Platz, wo er mit seinen Geschwistern nach Herzenslust spielen und im angrenzenden Kronprinzengarten sogar in einem kleinen Bächlein plantschen konnte.

Manchmal, wenn er in der Früh in sein Häuschen stürmte, fand er eine kleine Kreidezeichnung an der Tür, die das Gesicht einer Hexe zeigte. Dann wusste er, dass sie über Nacht da gewesen war. Als Gruß zurück malte er ihr dann mit Kreide eine Krone daneben.

Gesehen haben sich die beiden nie wieder, weil Ludwig leider schon bald erneut umziehen musste. Aber als er als junger Mann nach Nymphenburg zurückkam, sah für ihn der Pavillon immer noch wie ein Hexenhäuschen aus und er bewahrte sich diesen wahrhaftigen Blick bis ins hohe Alter. Nur Erwachsene, die vergessen haben zu träumen, können das nicht sehen.

Wenn ihr den Nymphenburger Schlosspark betretet, dann haltet euch gleich links und nehmt den Weg zum Prinzengarten, so heißt der Ludwigsgarten heute. Und dann testet doch mal eure Eltern, ob sie auch das Hexenhäuschen sehen können oder nur den orientalischen Teil?

Es macht Spaß, den restlichen Park zu erkunden, weil Friedrich Ludwig von Sckell es wirklich geschafft hat, einen vornehmen französischen Park mit einem romantisch verwilderten englischen Garten zu kombinieren.

Der Märchenkönig Ludwig II. wurde übrigens im Nymphenburger Schloss geboren und zwar am 25. August 1845, am gleichen Tag wie sein Großvater Ludwig I. (25. August 1786). Ein Zufall? Oder ob da die Hexe ihre Finger im Spiel hatte?

Der mutige Kutscher

Eigentlich hatte Franz Xaver Krenkl das Bäckerhandwerk gelernt, weil sein Vater, selbst ein gefragter Uhrmacher, auf einer guten Ausbildung für seinen Sohn bestanden hatte. Nach der Lehre ging der Franz zunächst auf die Walz. So nennt man es, wenn ein Lehrling zu Fuß loszieht und seine Dienste in anderen Dörfern und Städten anbietet. Dafür erhält er meist für die Zeit, in der er in der neuen Bäckerei mithilft, eine Mahlzeit und ein Dach über dem Kopf.

Die Wanderschaft an sich hat dem Franz gut gefallen, weil er so viel Neues kennenlernte, aber er hat festgestellt, dass Bäcker auf Dauer nichts für ihn war. Er wollte nicht jeden Morgen gar so früh aufstehen und schon gar nicht sein Lebtag lang in einer mehlstaubigen, heißen Backstube stehen. Vom Zu-Fuß-Gehen hatte er ebenfalls genug.

Als er sich nach einem langen Marsch wieder einmal die Blasen an den Sohlen rieb, beschloss er, umzusatteln. Ein Pferd wäre doch nett, dachte er und meldete sich bei der bayerischen Kavallerie, also bei den Soldaten, die auf einem Pferd reiten.

Was er allerdings nicht bedacht hatte, war, dass auch ein Soldat sehr früh aufzustehen hatte und – was noch schlimmer war – ein Soldat musste sehr gehorsam sein. Sich von einem Offizier etwas „anschaffen“, also befehlen zu lassen und es ohne Widerspruch auszuführen, das behagte dem Franz Xaver Krenkl überhaupt nicht. Einzig seine Zuneigung zu den treuen, schnellen Pferden wuchs in der Armee. Trotzdem hielt er den Befehlston nicht lange aus und gab den Militärdienst wieder auf.

Er entschloss sich, nach München umzuziehen, um in der schönen Stadt sein Glück zu machen. Und das fand er auch in der liebenswerten Bäckerstochter Josepha Griener. Die Hoffnung seines Schwiegervaters, dass er einmal die Bäckerei in der Neuhauserstraße übernehmen würde, blieb allerdings unerfüllt, weil der Franz lieber bei seiner Begeisterung für Pferde blieb.

Er fing mit einer kleinen Lohnkutscherei an. Wer damals schnell von einem Ort zum anderen musste, der rief sich eine Kutsche und ließ sich von ihr fahren.

Der Krenkl, wie ihn bald alle nannten, mauserte sich rasch zu einem schneidigen Kutscher. Außerdem hatte er einen sehr guten Blick für Pferde. Er kaufte zuverlässige Tiere für die Kutschen und schnelle, rassige Pferde, für seine neueste Leidenschaft: Pferderennen. Er hatte einen ausgesprochen guten Ruf in München, sogar vornehme Bürger und Adelige ließen sich von ihm herumfahren und manch einer holte sich auch beim Pferdekauf seinen Rat ein.

Das war wahrscheinlich der Grund, warum der Krenkl sich die folgende Geschichte herausnehmen konnte, ohne dafür den Kopf zu verlieren:

Ein ganz besonders eiliger Kunde bestieg die Kutsche an einem schönen, sonnigen Tag. Er musste so rasch es irgend ging zu einer wichtigen Verabredung in der Nähe der Residenz.

„Man sagt mir, Ihr sollt der schnellste Kutscher der Stadt sein. Wenn das stimmt und Ihr es in zehn Minuten schafft, dann verdopple ich Euren Preis!"

Das ließ sich der Krenkl nicht zweimal sagen. Wenn es einen Wettbewerb zu bestreiten gab, dann war er immer mit Volldampf dabei. Eigentlich sollte der Auftrag kein Problem sein, er hatte zwei ausgeruhte, kräftige Pferde eingespannt, gab ihnen die Zügel und ließ die Peitsche knallen.

Krenkls Kutsche rollte munter die breite Straße entlang, bis eine zweite Kutsche aus dem Englischen Garten kam und ebenfalls in die Straße einbog.

In deutlich gemächlicherem Tempo allerdings – wie es zu dem Ausflugswetter des Tages passte.

Wäre es nur das Gefährt eines Kollegen gewesen, hätte Franz Xaver keine Sekunde gezögert zu überholen. Aber es war ausgerechnet eine königliche Kutsche, in der der Kronprinz Ludwig saß. Ein blöder Zufall! Es gab nämlich das ungeschriebene, aber dennoch eherne Gesetz, dass die Fahrzeuge des Königs nicht überholt werden durften. Der Kutscher des Prinzen gab dem Krenkl auch sofort ein Zeichen, zurückzubleiben und sich zu gedulden. Doch das wurmte den ehrgeizigen Krenkl erst recht.

„Nichts da! Ich lass mir doch nicht von der trödelnden Königskutsche die Tour vermasseln!“, dachte er.

Krenkel schwang seine Peitsche in die Luft und ließ sie extra laut knallen. Gehorsam trabten seine Pferde los und setzten an, das königliche Gefährt zu überholen. Der Königskutscher hörte von hinten das Rattern der Kutschräder, hob wütend die Faust und rief: „Bleib zurück, du Elender!“

Der Prinz reckte ebenfalls den Hals, um zu sehen, wer es wagte, an ihm vorbeizufahren. Da lupfte der Franz Xaver Krenkl höflich seinen Zylinder und rief dem Kronprinzen im Vorbeifahren zu: „Majestät, wea ko, der ko!“

Dem verdutzten Ludwig fiel so schnell keine Erwiderung auf die Unverschämtheit ein, allerdings erkannte er den frechen Kutscher.

Bei der Residenz angekommen, stieg sein eiliger Kunde hochzufrieden aus, schnippte ihm die versprochenen Münzen zu und sagte: „Ein wahrer Teufelskerl seid Ihr, Krenkl. Ich empfehle Euch weiter!“

Und so machte der Vorfall noch schneller die Runde durch die Münchner Gassen als der Franz Xaver Krenkl reiten konnte. Die meisten klopften sich auf den Oberschenkel und bewunderten den Schneid vom Krenkl. „Einer, der sogar dem König die Stirn bietet, so einen brauchen wir in München!“

Seine Frau war da ganz anderer Meinung, sie empfing ihn am Abend mit besorgter Miene: „Mei, Franz, was hast da do wieder eifoilln lassn! An künftign Kini beleidigt ma ned ung'straft. Wirst scho sehn, was'd davon hast!“

Ein wenig mulmig wurde es dem Franz dann doch, denn tatsächlich könnte man sein Tun als Majestätsbeleidung auffassen, wie seine Frau es befürchtete. Er erwartete, dass alsbald die Schergen des Königs bei ihm auftauchen würden.

Aber es kam ganz anders. Der Prinz hatte nämlich Humor, vielleicht war auch sein Interesse an Krenkls schnellen Rössern geweckt und er wollte sich deshalb auf seine ganz eigene Art revanchieren.

Ein paar Tage später befuhr Ludwig mit seinem gesamten Gefolge die Straße, in der Franz Xaver Krenkl seine Kutscherei hatte. Auch die Ausfahrt war versperrt und der Krenkl konnte nicht aus seinem eigenen Hof hinaus. „So ein Mist, was ist denn da los?“, schimpfte er, während er ungeduldig auf seinem Kutschbock saß und darauf wartete, endlich sein Tagwerk beginnen zu können. Endlich sah er, was ihn aufhielt. Eine Prunkkarosse zog an seiner Ausfahrt vorbei, darin saß der Kronprinz, lachte ihm fröhlich zu und rief: „Ja, ja, lieber Krenkl, wer kann, der kann!“

Gemeinsam schafften es der Prinz und der Kutscher, dass aus dem Zwischenfall von damals ein Zitat wurde, das in München heute noch häufig genutzt wird:
„Wea ko, der ko – wer kann, der kann!“

Besucht doch einmal den alten geheimnisvollen Südfriedhof, auf dem neben vielen berühmten Persönlichkeiten auch das Grab vom Franz Xaver Krenkl zu finden ist.

Wer lieber wie Krenkl unterwegs sein möchte, der kann auch heute noch mit einer Kutsche fahren. Durch den Englischen Garten zum Beispiel, der ab 1789 als allererster Volkspark Europas, also ein Park, den alle, nicht nur die Adeligen betreten durften, angelegt wurde und auch heute noch eine der größten und schönsten Grünanlagen der Welt ist, sogar größer als der Central Park in New York! Wenn ihr im Englischen Garten unterwegs seid, dann haltet doch auch beim Eisbach an und beobachtet auf der Höhe vom Haus der Kunst die waghalsigen Surfkünste der Eisbachsurfer.

Der geizige Kaufmann

Am Promenadeplatz soll einst das Haus eines reichen Kaufmanns gestanden haben. Er war durch allerlei Geschäfte zu ansehnlichem Reichtum gekommen und trachtete ohne Unterlass danach, diesen Wohlstand weiter zu vermehren. „Vom Geldausgeben wird man nicht reich", muss er sich wohl gedacht haben, denn er war weithin als ausgesprochener Geizkragen bekannt.

Einmal hatte er günstig Getreide erworben und lagerte es in dafür vorgesehenen Speichern. Als eine große Hungersnot ausbrach, verkaufte er dieses Getreide zu Wucherpreisen an die notleidende Bevölkerung. Seine Gewinnspanne war enorm. Mitleid mit den armen Leuten kannte er nicht, war ihm doch sein eigener Wohlstand das Wichtigste überhaupt.

Das Haus, das er selbst bewohnte, war so groß, dass er darin sogar Wohnungen zur Miete anbieten konnte. Eine davon an eine kinderreiche Familie. Die Eltern, Vroni und Gustl, hatten fünf Kinder, das sechste war unterwegs. Tag und Nacht rackerten sie sich ab, um die Kinderschar zu ernähren und um über die Runden zu kommen.

„Es wird knapp, Vroni", sagte Gustl am Abend, als die Kinder alle schon schliefen. „Ich fürchte, wir müssen unserem Hausherrn die nächste Miete schuldig bleiben."

Vroni verbarg ihr Gesicht in ihren Händen und weinte. Sie hatte es kommen sehen. Die Preise für Brot und Gemüse waren ständig gestiegen, Fleisch konnten sie sich schon lange nicht mehr leisten. Keins ihrer Kinder konnte zur Schule gehen, die größeren mussten mithelfen, Geld zu verdienen. Eins erledigte Botengänge, ein anderes half beim Holzhändler und der fleißige Anton wusch sogar Geschirr in einem Gasthaus. Und dennoch reichte es hinten und vorne nicht. Die Preise für Brot waren binnen kürzester Zeit um das Vierfache gestiegen. Die Löhne hingegen waren dieselben geblieben.

„Kannst du unseren Hausherrn um Aufschub bitten?“, fragte Vroni.

Gustl nickte. „Es bleibt uns keine andere Wahl. Ich muss es versuchen.“ Er stand auf, zog sein Wams an und ging hinaus.

Schon nach weniger als einer halben Stunde kam er zurück. Vroni saß noch immer am Tisch, und noch immer ruhte ihr Gesicht in ihren Händen. Erst als Gustl die Tür schloss, blickte sie auf.

Er sah sie an und schüttelte nur stumm den Kopf. Vroni rannen die Tränen über die Wangen.

„Und was jetzt?“, fragte sie leise.
„Wir müssen die Wohnung verlassen.“ Gustls Stimme klang brüchig und schwach. „Schon in ein paar Tagen.“

Vroni sah hinüber zu ihren schlafenden Kindern. Sie hatten nur eine Stube für alle, in der sie sich aufhalten konnten, in der sie aßen und schliefen. Was sollte nur aus ihren Kindern werden, wenn sie die Wohnung verlieren würden? Mit der Hand strich sie über ihren Bauch. In drei Monaten würde ihr Baby kommen. Wo würden sie dann wohnen?
Vroni wusste keine Antwort auf diese Frage.

Es kam, wie es kommen musste. Wenige Tage später mussten Vroni und Gustl mit ihren Kindern das Haus verlassen.

Der Kaufmann stand an der Tür, als sie ihre Habseligkeiten nach draußen trugen. Die Hände in die Hüften gestemmt, beobachtete er, dass auch alles mit rechten Dingen zuging und keiner etwas mitnahm, was ihm nicht gehörte.

Vroni war die letzte, die ging. Sie schloss die Tür hinter sich und sah dem Kaufmann mit funkelndem Blick tief in die Augen. „Mögt Ihr verflucht sein für alle Zeiten, Geizhals. Im Namen meiner Kinder wünsche ich, dass Mäuse, Ratten und Ungeziefer Euer Getreide auffressen und dass kein Körnchen übrigbleibt!“

„Pass auf, dass das Ungeziefer nicht Eure Kinder auffrisst“, lachte der reiche Kaufmann und ließ die arme Familie ziehen.

Später jedoch, als er in seinen Getreidespeicher auf den Dachboden ging, traf ihn fast der Schlag. Horden von Nagetieren hatten sich über sein Getreide hergemacht. Es war ein einziges Gewimmel und Gewusel. Selbst die herbeigeschafften Katzen konnten der Überzahl der Nager nicht Herr werden. Der Kaufmann musste zusehen, wie sein Besitz vor seinen Augen weniger und weniger wurde. Als dann das restliche Getreide auch noch vom Schimmel befallen wurde, begann der verzweifelte Mann, das kostbare Gut hin- und her zu schaufeln, in der Hoffnung, den Schimmelbefall damit bekämpfen zu können. Doch alle Mühe war vergebens. Am Ende verlor der einst reiche Kaufmann alles Hab und Gut. Darunter auch sein Haus am Promenadeplatz.

Von Geiz zerfressen, starb er einen einsamen Tod. Doch seine Seele fand auch dann noch keinen Frieden. Als Geist spukte der Kaufmann durch Haus und Dachspeicher und wurde auch draußen auf dem Platz gesehen, wie er dort hinaufschaute, wo er einst seinen Reichtum aufbewahrt hatte. Seither wird dieser Geist auch „Troadkipperer“ gerufen. Benannt nach einem Troadkastn, wie Getreidespeicher früher hießen

und nach einem Kipper oder Kipperer. Das war ein Steinbrucharbeiter, der mit einer Schaufel umzugehen wusste.

Vroni und Gustl jedoch hatten mehr Glück, als sie zu hoffen gewagt hatten. Sie fanden Unterkunft bei einer reichen Bauersfamilie mit gutem Herzen. Sie durften auf deren Hof außerhalb der Stadt nicht nur wohnen, sondern fanden dort auch Arbeit. Ihre Kinder konnten zur Schule gehen und lernten lesen und schreiben. Ihr Baby kam in einer warmen Stube zur Welt und wuchs zu einem stattlichen Knaben heran, der, wie seine Geschwister, später niemals Sorgen machen sollte.

Der Troadkipperer soll heute noch auf dem Grünstreifen am Promenadeplatz herumgeistern und mit wirrem Haar und verbittertem Gesicht auf die Stelle starren, an der sein ehemaliges Haus stand. Die Bank, die dort heute untergebracht ist, hat die Geschichte sogar auf Bildtafeln an ihrer Fassade nacherzählt.

Am Promenadeplatz gibt es noch viel mehr zu entdecken. Aber ob es wirklich die Statuen von Kurfürst Max Emanuel, Maximilian von Montgelas, Orlando di Lasso, Christoph Willibald Gluck oder Lorenz Westenrieder sind, die immer wieder zahllose Touristen anziehen? Wahrscheinlich ist es doch eher das Luxushotel Bayerischer Hof, in dem regelmäßig Stars und Sternchen absteigen, wenn sie auf ihren Tourneen in der Münchner Olympiahalle oder im Olympiastadion auftreten. Das lockt so manchen Fan auf Autogrammjagd zum Hotel, wo mit Informationen über die abgestiegenen Berühmtheiten aber wohl sehr diskret umgegangen wird …

Das erste Oktoberfest

Franz war ein regelrechter Pferdenarr. Kaum konnte er auf eigenen Füßen stehen, trippelte der Sohn eines Hufschmieds in den Pferdestall, um die stolzen und mächtigen Tiere zu bestaunen. Aufmerksam schaute der kleine Franzl seinem Vater bei der Arbeit zu und lernte dabei die verschiedenen Pferderassen und deren Eigenheiten kennen. Mit den Jahren wusste er mit jedem Pferd umzugehen, gleich ob Kaltblüter, Warmblüter oder Vollblüter.

Als er in das Alter kam, in dem er sich entscheiden musste, mit welcher Beschäftigung er einmal sein Brot verdienen wollte, wunderte es keinen, dass Franz mit Pferden zu tun haben wollte. Hufschmied konnte er nicht werden, denn sein ältester Bruder war bestimmt, in die Fußstapfen des Vaters zu treten und später das Geschäft zu übernehmen. So begann er, in einer Hauderei zu arbeiten, einem Transportunternehmen, das mit Kutschen die verschiedensten Aufträge ausführte. Sie lieferten Kohlen, Getränkefässer oder Möbel, aber sie transportierten auch Fahrgäste von hier nach da.

Franz sparte so viel Geld, wie er konnte, um sich irgendwann ein eigenes Pferd und eine Kutsche leisten und als sein eigener Herr Transporte anbieten zu können. Irgendwann erstand er ein Pferd, einen Kaltblüter, nicht mehr ganz jung, aber gesund. Ein treuer Geselle, gutmütig und genügsam. Die Kutsche übernahm er von einem, der zu alt war, sein Geschäft weiter betreiben zu können. Die Kutsche war nicht neu, aber sie tat ihm gute Dienste.

Obwohl er mit seinem Ross sehr zufrieden war und sich für seine Arbeit kein besseres vorstellen konnte, hegte er dennoch einen Traum. Einmal nur wollte er ein Turnier sehen, ein großes Rennen mit vielen edlen Pferden, in deren gestriegeltem Fell sich die Sonne spiegeln würde. Wenn er nur daran dachte, konnte er schon ihre Aufregung vor dem Wettkampf spüren, ihre schnellen Huftritte auf dem befestigten Boden hören und ihre vor Schweiß dampfenden Körper nach dem Einlauf über die Ziellinie sehen. Doch für einen einfachen Mann aus dem Volk, wie Franz es war, schien dieser Traum nie in Erfüllung gehen zu wollen. Es würde ewig ein Traum bleiben, dachte er.

Eines Tages erfuhr er, dass im Oktober eine hochherrschaftliche Hochzeit stattfinden sollte. Kronprinz Ludwig von Bayern und Prinzessin Therese von Sachsen-Hildburghausen wollten in diesem Monat den Bund der Ehe eingehen. Franz träumte wieder einmal von einem Pferderennen, als er sein Ross des Abends in den Stall führte, es versorgte und fütterte. Wäre das nicht eine gute Gelegenheit, ein Rennen zu veranstalten, an dem alle teilhaben dürften? Herr wie Knecht, Herrin wie Magd. Egal, welchem Stand die Leute angehörten. Die Idee spukte lange in seinem Kopf herum.

Wenige Tage später stieg ein Major in Franz' Kutsche. Er ließ sich häufiger von Franz chauffieren, und nicht selten plauderten die beiden ein wenig über dies und das. Franz erzählte dem Major von seiner Idee mit dem Pferderennen. Aber der Major lachte ihn nur aus. „Das kannst du dir aus dem Kopf schlagen!", sagte er. „Was für eine spinnerte Idee! Das machen die Herrschaften doch nie und nimmer!"

Aber Franz ließ nicht locker. Immer, wenn der Major in seine Kutsche stieg, wiederholte er, was er sich ausgedacht hatte: „Die hohen Herrschaften wollen bestimmt ein rauschendes Fest feiern. Und wenn sie dabei auch für das gemeine Volk etwas tun, dann wird es ihnen auf ewig dankbar sein", meinte Franz.

Da nickte der Major. „Du magst recht haben. Lass mich drüber nachdenken", sagte er und stieg aus.

Die Antwort ließ nicht lange auf sich warten. Schon beim nächsten Mal, als er in die Kutsche stieg, verkündete der Major, er habe den Vorschlag beim bayerischen Königshaus eingereicht. Als Franz das hörte, wäre er vor Freude fast vom Kutschbock gehüpft. Aber noch war nichts entschieden, und es blieb ihm nichts anderes übrig als abzuwarten.

Die Tage, die vergingen, erschienen endlos. Er wollte die Hoffnung schon aufgeben und dachte, das sei ein verwegener Plan gewesen. Wer aus dem hohen Haus würde schon auf einen einfachen Lohnkutscher hören?

Wieder einmal kam der Major des Wegs. Allein schon sein fröhliches Gesicht und sein schelmisches Grinsen ließen in Franz die Hoffnung aufkeimen, er brächte gute Nachrichten. Und so kam es auch.

„Stell dir vor: Hinter dem neuen Spital bis an die Dorfschaft Sendling wird eine Pferderennbahn errichtet", verkündete der Major. „Was sagst du jetzt?"

Erst einmal konnte Franz gar nichts sagen, so verblüfft war er. Dann aber brach er lautstark in Jubel aus und sprang in die Luft vor lauter Freude.

Seine Frau wollte Franz nicht glauben, dass seine Idee mithilfe des Majors tatsächlich Wirklichkeit werden sollte. Erst als Franz ihr ein neues Kleid versprach, das sie zum Pferderennen tragen sollte, war sie überzeugt. „Dann muss es ja stimmen", lachte sie und umarmte ihren Liebsten.

Zum Tag der Hochzeit waren die Häuser der Stadt festlich geschmückt, Musik hallte durch Straßen und Gassen. Das Königshaus lud seine Untergebenen zu kostenlosem Essen ein.

Und eine Woche nach der Vermählung fand dann das Pferderennen statt. Den hierfür zugewiesenen Platz nannte man zu Ehren der Braut Therese von Sachsen-Hildburghausen von nun an Theresienwiese.

Unzählige Menschen strömten auf den Platz. Um die 30 000 sollen es gewesen sein, hieß es. Franz und seine Frau waren unter ihnen und konnten einen guten Platz gleich gegenüber dem Pavillon der adligen Herrschaften ergattern. In ihrer neuen Festtagskleidung gewandet, sahen sie zu, wie 16 Kinderpaare in den verschiedenen Landestrachten einmarschierten und dem König zur Huldigung Früchte und Blumen überreichten.

Danach sahen sie die Vorstellung der Reiter auf ihren Pferden. Franz konnte sich gar nicht sattsehen. So viele edle Rösser auf einmal hatte er noch nie gesehen. Jeden Wettkampf erlebte er mit und ihm war jedes Mal, als wäre er selbst einer der Reiter, die um das scharlachrote Tuch wetteiferten. Das Schnauben und Wiehern der Pferde, das Klappern der Hufe und der Applaus der Menge klang wie Musik in seinen Ohren.

Es war ein Fest, wie er es sein Leben lang nicht vergessen sollte. Nicht nur seinen Kindern, auch seinen Enkeln erzählte er immer wieder, wie schön die erste „Wiesn" gewesen sei. Und immer gab er ihnen den Rat, ihren Träumen zu folgen. Denn es könnte ja sein, dass sie in Erfüllung gingen. So wie es bei ihm der Fall gewesen war.

Seit der hochherrschaftlichen Hochzeit 1810 gibt es das Oktoberfest, allerdings haben inzwischen Bierzelte und Schausteller das ursprüngliche Pferderennen abgelöst. Es dauert 16 Tage und fängt bereits im September an, um das bessere Wetter zu nutzen, nur das letzte Wochenende liegt immer noch in dem Monat, von dem es bis heute seinen Namen hat. Eröffnet wird die Wiesn traditionell vom Oberbürgermeister, nachdem er das erste Fass angestochen hat, mit dem Ruf „O'zapft is!" Die Münchner warten immer voller Spannung, wie viele Schläge er für den Anstich braucht.

Die Theresienwiese ist übrigens keine Wiese mehr, sondern ein asphaltierter Platz, auf dem auch andere Veranstaltungen stattfinden, z. B. das Frühlingsfest, das Winter-Tollwood und Flohmärkte.

Im Hintergrund blickt die Bavaria vor der Ruhmeshalle auf die Theresienwiese. Die Bronzestatue ist über 18 Meter hoch und wer mag, kann über eine Wendeltreppe bis in den Kopf der Bavaria hinaufsteigen und das ganze Jahr über den Blick genießen.

Die Glückslöwen

Jeder macht Fehler. Manchmal sogar ein König, auch wenn er das nicht gerne hört oder liest. Nur ist es äußerst schwierig, einem Herrscher das mitzuteilen. Diese Erfahrung machte auch der Student Vitus.

Alles fing damit an, dass der bayrische König eines Tages beschloss, dass die schönen Künste viel wichtiger wären als die Wissenschaft. Gesang, Tanz, Theater und Malerei, das machte ihm viel mehr Freude als Mathematik oder Physik. Früher als Prinz war er noch ganz begierig gewesen, Neues zu erfahren, hatte mit berühmten Astronomen die Sonne und den Sternenhimmel beobachtet oder sich sogar die neusten medizinischen Fortschritte präsentieren lassen.

Aber jetzt mit fast 60 Jahren war ihm das alles zu mühsam. Er wollte lieber abends mit einer seiner prächtigen Kutschen ins Nationaltheater gefahren werden und eine anmutige Ballettaufführung sehen oder sich von der Arie einer Opernsängerin in eine Traumwelt entführen lassen.

Zuerst machten die Leute sich bloß hinter vorgehaltener Hand lustig über ihren Monarchen. „Er wird eben alt“, sagten die einen.

„Er träumt lieber statt zu regieren“, sagten die anderen.

Auch Vitus und die Studenten rissen ihre Witze.

„Habt ihr ihn gestern gesehen, er hat sich wieder mit Samt und Seide herausgeputzt wie ein junger Gockel“, berichtete ein Student.

„Ja, ja“, platzte ein anderer heraus, „und dann soll er wieder mitten in der Vorstellung eingeschlafen sein!“

„Unser schlafender Dornröschen-König“, höhnte Vitus.

„Zum Glück ist es im Theater dunkel, da hört man bloß das Schnarchen in der Königsloge und sieht es nicht!“, ergänzte Carl, sein Zimmergenosse. Alle prusteten los.

Mit der Zeit allerdings verging ihnen das Lachen. Der König gab nämlich für die Kunst sehr viel Geld aus, nicht sein eigenes, sondern Geld aus der Staatskasse, um die Universität kümmerte er sich hingegen gar nicht mehr. Und die Politik war ihm sowieso zu anstrengend. Das gefiel den Münchnern überhaupt nicht, ebenso wenig Vitus und seinen Freunden. Sie schrieben ihre Forderungen auf große Schilder und gingen damit auf die Straße, in der Hoffnung, den König auf die Missstände aufmerksam zu machen. Natürlich blieb dem König dieser Protest nicht verborgen und er ärgerte sich darüber. Er fragte bei seinen Ministern nach: „Wer wagt es da draußen, mich, den König zu kritisieren?"

„Ach", wiegelten die Minister ab. „Das sind doch nur ein paar Studenten, die noch keine Ahnung haben, wie schwer Eure Hoheit an der Last der Krone trägt!"

„Studenten, so so! Denen werde ich zeigen, wer hier das Sagen hat!" Der König ließ sich nicht beruhigen, sondern ordnete an, die Universität zu schließen und alle Studenten nach Hause zu schicken.

„Was zu viel ist, ist zu viel!", schimpfte Vitus. Er setzte sich hin und verfasste einen bitterbösen Brief an seinen Herrscher.

Ob ihm denn die Zukunft seines Landes wirklich weniger wichtig wäre, als so ein paar Hupfdohlen auf der Bühne? Und dass er doch bitte schön den Fortschritt nicht verschlafen dürfe ... und es folgten einige Schmähungen, es soll sogar ein übler Vergleich mit einem grunzenden Tier darunter gewesen sein ... Beleidigungen, die hier besser nicht wiedergegeben werden sollen.

Ein bisschen schämte sich wahrscheinlich auch Vitus dafür, er unterschrieb den Brief nämlich nicht. Und die Zustellung war eben so eine Sache. Vitus kannte den König ja nicht persönlich und konnte ihm den Brief nicht in die Hand drücken.

Dafür wusste jeder, wo der König wohnte, nämlich in der Residenz. Also schlich sich Vitus noch in derselben Nacht zum Eingangsportal und nagelte

den Brief kurzerhand an. Gut sichtbar, so dass alle, die vor dem König aufstanden, ihn lesen konnten. Die Marktweiber, die Handwerker, die Geschäftsleute und schließlich alle, die an jenem Tag zu einer Audienz in die Residenz kamen. Bis einer den Brief abnahm und zum König brachte, hatte ihn halb München bereits gelesen und der anderen Hälfte wurde davon erzählt. Dass er dadurch einmal mehr zum Gespött seiner Untertanen wurde, war auch dem König klar, als er die Schmähschrift gelesen hatte, und er tobte: „Bringt mir die Bande, die nicht einmal den Mut hat, sich zu diesen Unverschämtheiten zu bekennen! Jeder, der mir die feigen Rufmörder liefert, erhält eine Belohnung von 1000 Gulden!"

Die Reaktion des Königs sprach sich auch bis zu Vitus herum. Es wurmte ihn, dass der Monarch die Tat keinem einzelnen, sondern nur einer Gruppe zutraute. Außerdem waren 1000 Gulden richtig viel Geld! Das brachte ihn auf einen verwegenen Plan. Nur seinem besten Freund Carl vertraute er sich an: „Du kannst ab sofort meine Zimmerhälfte weitervermieten. Morgen sitze ich entweder im Kerker oder ich bin ein reicher Mann!"

Er zog los, doch je näher er der Residenz kam, desto zögerlicher wurde er. So kam es, dass er sehr langsam an den vier Löwen vorbeiging, die den Weg zum Eingang säumten.

Auf einmal hörte er, wie der erste Löwe zu knurren begann. Vor Schreck musste Vitus sich an dem Schild festhalten, das der Löwe mit einer Vorderpranke hochhielt. Zum Glück guckte im unteren Teil des Schildes ein kleines freches Gesichtchen hervor, dessen Nase ihm Halt bot.

„Wenn du auf dem Weg zum König bist", schnurrte der stolze Löwe leise, „dann bringe ihm von mir die Tugend der Klugheit mit!"
„Ei-ei-einverstanden!", versprach Vitus stotternd.

Auch der zweite Löwe rief ihn herbei und gab ihm für den menschlichen König seine Tugend der Stärke mit. Der Dritte gab Gerechtigkeit, der Vierte Mäßigkeit, und jedes Mal musste sich Vitus an dem Nasengesicht festhalten, weil seine Knie immer weicher und weicher wurden und er so besser ohne zu schwanken dem Flüsterton der Löwen lauschen konnte.

Am Ende der Löwenparade fühlte sich Vitus deutlich beflügelt, er ging auf eine Wache zu und sagte: „Ich weiß, wer den Brief verfasst hat und möchte es dem König melden!"

Umgehend wurde er vorgelassen. Der König wartete kaum seine Verbeugung ab. „Wer sind die Halunken, nenn mir die Namen!"

„Eure Majestät", sagte Vitus, „auf dem Weg zu Euch bin ich an vier Löwen vorbeigekommen. Ich soll Euch von jedem Grüße überbringen und sie haben mir vier tugendhafte Gaben für Euch mitgegeben!"

Der König stutzte. Natürlich wusste er sofort, von welchen Löwen der junge Mann sprach und auch, welche Gaben er meinte. Er antwortete: „Die Tugenden, von denen du sprichst, besitze ich bereits, ich muss sie nicht doppelt haben. Du kannst sie also behalten, wenn du mir dafür die Verfasser des Schmähbriefes nennst!"

Vitus straffte die Schultern: „Das war nur einer, Eure Majestät, und der steht höchstselbst vor Euch, um die Belohnung abzuholen, die Ihr auf ihn ausgelobt habt!"

Da blieb sogar dem König für einen Moment die Spucke weg. So viel Dreistigkeit hatte er noch nicht oft erlebt. Aber der junge Kerl imponierte ihm, außerdem wusste er, dass seine Löwen nicht mit jedem sprachen, es musste also etwas Besonderes an dem Studenten sein. Er betrachtete ihn eine Weile eindringlich. Vitus wäre in der Zeit am liebsten im Boden versunken, hielt sich aber tapfer auf den Beinen.

„Der Brief war also von dir", sagte der König schließlich. „Bist du denn wenigstens bereit, zurückzunehmen, was du geschrieben hast?"

Vitus grübelte kurz, dann antwortete er: „Das einmal geschriebene Wort kann man schwerlich zurücknehmen, Eure Majestät. Aber wie Ihr ja vorhin selbst sagtet, doppelt muss man nichts haben. Da Ihr nun meine Meinung kennt, muss ich sie also nicht mehr wiederholen!"

Da lachte der König so laut, dass es noch an der Feldherrnhalle zu hören war: „Die Klugheit meiner Löwen hat jedenfalls bereits auf dich abgefärbt. So nimm also die Belohnung, du hast sie für deine Kühnheit verdient! Aber komm mir nicht noch einmal mit einer Beleidigung, das nächste Mal retten meine Wappentiere dich nicht!"

Vitus konnte es selbst kaum glauben, als er sich mit einem Sack voller Gulden auf der Straße wiederfand. Dankbar lächelte er den Bronzelöwen zu: „Ihr habt mir Glück gebracht, das vergesse ich euch nie!" Und er legte jedem Löwen einen Gulden auf den Sockel.

Auch der König hatte dazugelernt, ob von seinen Löwen oder von Vitus ist schwer zu sagen. Jedenfalls öffnete er die Universität wieder. Und auch wenn er selbst weiterhin gerne ins Theater und in eine Ausstellung ging, so ließ er sich von da an wieder regelmäßig von den Fortschritten in der Welt berichten.

Den Studenten Vitus feierten die Münchner wie einen Helden und von da an rieb jeder, der an den Löwen vorbeikam, die vier Nasen, um auch etwas vom Glück und den Tugenden abzubekommen. Und wer weiß, vielleicht wartet auf den einen oder anderen dafür auch ein kleiner oder großer Geldschatz?

Die Residenz ist mit ihren prächtigen Räumen und der Schatzkammer immer einen Besuch wert. Und dann vergesst nicht, über die auffällig blankpolierten Nasen der sogenannten Maskarone – so nennt man solche kleinen Fratzengesichter – zu streichen. Am besten über alle vier.

Auf den Schilden der stolzen bayerischen Löwen sieht man immer noch: ein Schiff für die Klugheit, einen Felsen für die Stärke, die Sonne für die Gerechtigkeit und eine Uhr für die Mäßigkeit – und das kann doch wirklich jeder gut gebrauchen!

Die Brotzeit – eine bayerische Erfindung

Georg und Elisabeth hatten eine kleine Schneiderei in der Neuhauser Straße und sie arbeiteten die ganze Woche hart. Aber am Sonntag wollte Elisabeth gerne ein bisschen Abwechslung. „Lass uns einen Ausflug ins Grüne machen“, schlug sie Georg vor.

„Hm“, brummelte er. „Ich habe aber keine rechte Lust, bloß ziellos durch die Gegend zu spazieren!“

„Unsere Nachbarn haben letzten Sonntag eine Rast auf dem Nockerberg eingelegt“, lockte Elisabeth. „Dort soll es ein schattiges Plätzchen unter Kastanienbäumen geben, und etwas zu Trinken zur Stärkung gibt es auch!“

Georg ließ sich überreden. Die Schneider waren nicht die einzigen Münchner, die die Bierkeller in den Isarauen als Ausflugsziel entdeckten. Die Kellermeister merkten schnell, dass ihre Keller echte Goldgruben zu werden versprachen. Statt den Spaziergängern bloß eine kühle Maß mit auf den Weg zu geben, stellten sie ein paar einfache Bänke und Tische unter die Bäume und bewirteten ihre Gäste. Georg und Elisabeth gefiel es so gut, dass sie fast jeden Sonntag wiederkamen. Auch ihr Söhnchen Wolfgang, genannt Wolfi, hatte großen Spaß. Er mochte zwar das bittere Getränk nicht, das seinem Vater so schmeckte, aber er konnte hier prima mit den anderen Kindern herumtoben.

Der Erfolg der einen führte zum Verdruss der anderen. Die Wirte, die innerhalb Münchens ihre Gaststätten hatten, ärgerten sich über die Konkurrenz, denn vor allem am Wochenende blieben in München die Wirtsstuben leer. Sie legten Beschwerde beim König ein. Es kam zu einer Anhörung. Der Sprecher der Münchner Wirte rief: „Es kann doch wohl nicht sein, dass die uns das Geschäft verderben.“

Die Kellermeister hielten dagegen: „Wir können doch nichts dafür, dass die Münchner bei der Hitze lieber bei uns im kühlen Schatten sitzen. Sollen wir sie dabei etwa verdursten lassen?“

So ging es eine Weile hin und her, bis der König genug gehört hatte. Er verfügte das Folgende: „Ich gestatte den Kellermeistern in den Isarauen im Sommer ihr Selbstgebrautes an Gäste auszuschenken, aber es ist ihnen ausdrücklich verboten, Speisen dazu zu servieren!“

Der König fand, damit hätte er allen gerecht geholfen. Die erwachsenen Münchner fanden das soweit auch. Nicht aber der kleine Wolfi. Das Bier war ihm ja völlig egal, aber wenn ihm der Magen knurrte, dann machte ihm selbst das Versteckspiel keine Freude mehr. Beim nächsten Ausflug sorgte er deshalb vor. Als er nach einer Stunde genug gerannt war und einen ordentlichen Hunger hatte, setzt er sich zu seinen Eltern an den Tisch und packte aus, was er in den Taschen seines Trachtenjankers gesammelt hatte: zwei Knackwürste, ein Stück Käse, ein Brotscherzl – wie man den letzten Rest eines Brotlaibs in Bayern nennt – und vom Vortag sogar noch einen Knödel mit Soß.

Seelenruhig legte er alles vor sich hin und fing an zu essen. Die Umsitzenden bekamen Stielaugen und es lief ihnen das Wasser im Mund zusammen. „An Guadn, lass da 's schmegga!“ – „Guten Appetit, lass es dir schmecken!“ – „Ein schlauer Bursche, Euer Sohn!“, riefen sie den Schneidern zu.

„Ja, schon“, meinte Elisabeth, „solange man seine Joppe nicht wieder sauber kriegen muss!“ Denn die Bratensoße hatte natürlich ihre Spuren in der Jackentasche hinterlassen. Doch dieser kleine Schönheitsfehler tat dem Erfolg von Wolfis Idee keinen Abbruch. Es sprach sich herum und ab dem nächsten Wochenende brachten alle Münchner ihre Brotzeit in einem Korb mit. Ein paar breiteten karierte Leinentücher über die Holztische und dann wurde getafelt, geratscht und viel gelacht. Der erste echte Münchner Biergarten war entstanden. Danke, Wolfi!

Da es früher keine Kühlschränke oder Gefriertruhen gab, mussten sich die Menschen etwas anderes einfallen lassen, um Lebensmittel eine Weile lagern zu können. Fleisch und Fisch konnte man prima mit Salz haltbar machen, aber mit Getränken ging das natürlich nicht. Sie mussten im Sommer kühl gehalten werden, um nicht zu verderben.

Die Münchner nutzten dafür die Auen der Isar. Die Brauer buddelten dort tiefe Löcher und legten ihr Bier zusammen mit großen Eisblöcken hinein. Um die Temperatur zusätzlich niedrig zu halten, wurde Kies ausgestreut und über den Kellern Kastanien gepflanzt. Die ausladenden Baumkronen hielten die Sonnenstrahlen ab und schön anzusehen waren und sind sie außerdem.

In einem echten Münchner Biergarten ist es heute noch so, dass man zwar die Getränke kaufen muss, aber seine Brotzeit selber mitbringen darf. Inzwischen gibt es dort aber auch zahlreiche Buden, die bayerische Schmankerl anbieten, von der Riesenbrezn, über Wurstsalat bis zum Obazdn – einer Käsezubereitung aus: zerdrücktem Camembert, Frischkäse, Butter, Zwiebel, Paprikapulver, Salz und Pfeffer.

Wenn ihr jetzt Hunger bekommen habt, dann besucht doch mit euren Eltern zum Beispiel den Biergarten am Viktualienmarkt, nur ein paar Schritte vom Marienplatz entfernt.

Das dicke Gespenst vom Maxtor

Es gab eine Zeit, in der sich eine höchst merkwürdige Spukgestalt in München herumtrieb. Wie lange es her ist, weiß heute keiner mehr so genau, aber rund um das Maxtor soll es sein Unwesen getrieben haben. Daher rührt auch sein Name: Das dicke Gespenst vom Maxtor.

Überall auf den Straßen, auf Plätzen und in Hinterhöfen hörte man die Leute darüber reden. Am lautesten waren die zu hören, denen das Gespenst in finsterer Nacht auf dem Heimweg höchstpersönlich erschienen war und ihnen einen gehörigen Schreck eingejagt hatte.

„Es war so unglaublich dick, dass man es sich kaum vorstellen kann!", erzählte einer, dem das Gespenst erst vorige Nacht erschienen war.
„So dick wie vier Männer!", rief einer, dem es auch schon einmal begegnet war.
„Ach was! So breit wie sechs Männer nebeneinander! Es braucht den ganzen Bürgersteig für sich allein!", erwiderte ein anderer, der sich zu der nun immer größer werdenden Gruppe von Menschen gesellte. Auch er hatte schon Bekanntschaft mit dem unheimlichen Geist gemacht.

Doch nicht nur dick, auch unglaublich groß war es. So groß, als würde ein Dicker auf den Schultern eines anderen Dicken sitzen. So behauptete jedenfalls ein anderer Augenzeuge.

Die Kinder, die ihren Vätern oder Nachbarn beim Erzählen lauschten, gruselten sich schrecklich und versprachen ihren Müttern hoch und heilig, nach Einbruch der Dunkelheit nicht mehr allein aus dem Haus zu gehen.

Doch das dicke Gespenst hatte es nicht auf Leib und Leben der Leute abgesehen. Auch überfiel es sie nicht oder raubte sie aus. Ja, es redete noch nicht einmal mit ihnen. Was für ein Glück, denn bei seiner unglaublichen Leibesfülle und hünenhaften Statur kann man sich ausdenken, dass seine Stimme mindestens so laut war wie ein Donnerhall und ein Schrei aus seiner Kehle Fensterscheiben zum Zerspringen gebracht hätte.

Nein, das dicke Gespenst folgte denen, die nachts draußen rund um das Maxtor unterwegs waren, schweigend auf Schritt und Tritt. Aber allein das reichte aus, um die armen Leute so zu verschrecken, dass ihnen die Zähne klapperten und die Knie schlotterten. Denn der dicke Mann, wie er bald von allen genannt wurde, ließ sich um nichts auf der Welt vertreiben.

Die Verfolgten konnten so schnell rennen, wie sie wollten, sie konnten Haken schlagen wie die Hasen, immer blieb der Dicke dicht hinter ihnen. Sie konnten brüllen oder fluchen, drohen oder schimpfen, das Gespenst ließ sich von nichts und niemanden beeindrucken.

Glaubte einer, ihn doch einmal abgeschüttelt zu haben, so tauchte der finstere Verfolger plötzlich in einem dunklen Hauseingang vor ihm wieder auf und heftete sich erneut an die Fersen des Unglücklichen.

„Gestern Nacht hab ich dem dicken Mann ins Gesicht geschaut", berichtete einer, dem der Schreck noch deutlich anzusehen war. „Leichenblass war er, ein rundes teigiges Gesicht hat er gehabt und schrecklich funkelnde Augen."

Ein Raunen ging durch die Menge.

„Ich hab's abschütteln können", behauptete ein schnurrbärtiger Mann, und alle wollten sogleich wissen, wie er das bloß geschafft hatte.

„Nun ja, ich dachte, ich hätt's abgeschüttelt", gab der Mann jetzt zu. „Aber direkt hinter dem Neuhauser Tor hat mir das Gespenst wieder aufgelauert", raunte der Mann, und sogar sein Schnurrbart zitterte vor Angst. „Dann hab ich die Beine in die Hand genommen, Todesangst hab ich gehabt, und bin zur Schildwache am Tor gerannt. So laut ich konnte, hab ich nach dem Wächter gerufen." Der Mann machte eine Pause und sah von einem zum anderen.

„Weiter! Erzähl weiter!", forderten ihn die Leute auf.

„Ein anständiger Kerl war er, der Wächter", begann der Mann aufs Neue. „Er ist gleich raus auf die Straße und hat überall nachgeschaut. Aber keinen hat er entdeckt. Kein Mensch und kein Gespenst war mehr unterwegs. Ich hab noch ein bisserl in der Wache warten wollen, weil ich ganz sicher gehen wollt, ihm nicht mehr zu begegnen. Und während ich da saß, hat mir der Wächter die ganze Wahrheit erzählt."

Wieder machte der Mann eine Pause, obwohl die Zuhörer es kaum aushielten vor lauter Spannung.

„Ich sag's euch grad so, wie er es mir g'sagt hat“, fuhr der Mann fort. „Der Torwächter kannte das Gespenst nämlich höchstpersönlich. Ihr werdet es nicht glauben, aber der Dicke Mann war früher selbst einmal ein Torwächter gewesen. Ein braver Mann, der immer treu seine Dienste getan hatte. Bis zu jener Nacht, in der etwas geschah, das sich der pflichtbewusste Wächter niemals verziehen hat.

Während seiner Nachtwache überfiel ihn mit einem Mal eine bleierne Müdigkeit. Stunde um Stunde versuchte er, sich dagegen zu wehren. Irgendwann fielen ihm die Augen doch zu, und er schlief ein. Ausgerechnet in dieser Nacht waren Gauner auf Diebeszug unterwegs durch die Stadt. Als sie genug ergaunert hatten, schlichen sie mit vollgefüllten Säcken ans Stadttor. Als sie sahen, dass das Tor unbewacht war, weil der Wächter selig schlief, schlüpften sie ungehindert hindurch und verschwanden im Dunkel der Nacht.

Wie groß war die Aufregung am nächsten Morgen, als ein Diebstahl nach dem anderen gemeldet wurde. Die Kunde erreichte auch den Torwächter, und er wusste, dass er die Diebe hätte aufhalten können, wenn er nur bloß nicht eingeschlafen wäre. Doch das Unglück war geschehen, die Diebe längst über alle Berge. Der Torwächter schwor sich, von nun an nie wieder einzuschlafen. Und so geschah es auch. Sein schlechtes Gewissen aber plagte ihn sein ganzes Leben lang und sogar noch über seinen Tod hinaus. Als unruhiger Geist hat er noch versucht, unliebsame Gestalten, Diebe, Räuber und andere zwielichtige Gestalten aufzuspüren und zu fassen.“

Mit offenen Mündern standen die Leute da, auch als der Mann schon geendet hatte. Mit einem Schlag hatten sie keine Angst mehr vor dem Dicken Gespenst, sondern Mitleid. Einen solch braven Mann, der seinen Dienst so ernst genommen hat, dem müsse doch geholfen werden. Ja, da waren sich alle einig.

Da traten ein paar der ganz Tapferen vor und schworen, noch in derselben Nacht loszuziehen, um das Gespenst zu finden. Ohne Umschweife wollten sie ihm sagen, dass ihm keiner mehr übelnimmt, dass er damals eingeschlafen ist. Alles sei längst vergeben und vergessen.

Und so muss es wohl gekommen sein. Denn bis heute wurde das Dicke Gespenst vom Maxtor nicht mehr gesehen. Seine arme Seele wird wohl endlich ihre Ruhe gefunden haben.

Das Maxtor ist das jüngste Stadttor Münchens, es liegt im Westen der Altstadt an der Stelle, an der die Prannerstraße in den Maximiliansplatz mündet.

Die Innenstadt Münchens wurde im Mittelalter von einer Stadtmauer geschützt, die durch große und kleine Tore Einlass gewährte. Die Bevölkerung der Stadt wuchs im 18. Jahrhundert stetig an, und im Jahr 1791 musste die Stadtmauer leider abgerissen werden. Von der alten Verteidigungsmauer sind heute noch folgende Tore übrig: Das Karlstor, das Sendlinger Tor und das Isartor, dort wurden sogar einige Reste der alten Stadtmauer wieder freigelegt.

Im Isartor ist außerdem das Karl Valentin Museum – besser gesagt „Musäum" – zu Hause. Habt ihr schon mal was von einem Winterzahnstocher gehört? Wenn nicht, dann wird es Zeit, das Musäum zu besuchen!

Sehenswert ist auch der Löwenturm am Rindermarkt, obwohl nicht wirklich geklärt ist, ob er Teil der ersten Stadtmauer war und welche Funktion er hatte.

Wie die Weißwurst erfunden wurde

Es war vor geraumer Zeit, an einem Sonntag im Fasching, als das närrische Treiben auch in München auf seinen Höhepunkt am Rosenmontag und Faschingsdienstag zusteuerte. Der Moser Sepp war Wirt einer kleinen, fensterlosen Gaststätte. Das stets brennende künstliche Licht gab ihr den Namen „Zum ewigen Licht".

In seiner Stube saßen viel mehr Gäste als er erwartet hatte. Viele waren mit Masken verkleidet, fröhlich und gut gelaunt und vor allem hatten sie Hunger. Sie verlangten nach einer deftigen Mahlzeit. Doch leider hatte der Sepp keine Schafsdärme mehr, in die er für seine Würste das vorbereitete Kalbsbrät hätte einfüllen können.

„Benno! Lauf los und besorg Schafsdärme!", rief Sepp Moser. „Aber dalli! Und wehe, du kommst ohne zurück. Dann kannst du was erleben!"

Benno rannte los. Wo sollte er bloß die gewünschten Schafssaitlinge herkriegen? Hatte er doch gerade erst mit seiner Lehre begonnen und noch wenig Erfahrung sammeln können. An einen Händler aber konnte er sich erinnern. Er hatte Sepp Moser einmal dorthin begleitet und wusste, wo er ansässig war. Mit Angstschweiß auf der Stirn klopfte er an dessen Tür. Eine kleine alte Frau öffnete und fing an zu lachen, nachdem Benno seine Bitte vorgetragen hatte.

„Die sind doch alle beim Fasching", rief sie und wollte ihm schon die Tür vor der Nase zuschlagen, als Benno gerade noch fragen konnte, wo er denn sonst noch vorstellig werden könnte. Die Alte nannte ihm eine Adresse, und er schickte sich an, auf dem schnellsten Weg dorthin zu kommen. Er musste drei Mal laut klopfen, bevor jemand ein Fenster im ersten Stockwerk öffnete.

Ein missmutiger Mann fragte nach seinem Begehr und er antwortete wahrheitsgemäß, dass er Schafsdärme für den Metzgerswirt Moser kaufen wollte.

„Ja, bist du deppert!", rief er und fuhr sich mit der Hand über den kahlen Schädel. „Heut ist Sonntag! Da arbeitet keiner."

Benno war der Verzweiflung nah. Unmöglich konnte er unverrichteter Dinge wieder zurück zu seinem Lehrmeister. Was sollte er nur tun? Er hockte sich an den Straßenrand und vergrub seine Hände im Gesicht.

„Na, hast du zu tief ins Glas geschaut?", hörte Benno jemand sagen.

Er schaute auf. Die drei jungen Burschen, dem Aussehen nach Brüder, kamen wohl von einer Faschingsfeier. In seiner Verzweiflung klagte Benno den Burschen sein Leid.

„Da können wir helfen!", sagte der Älteste.

„Unser Vater ist Saitlinghändler, sagte der Mittlere.

„Wir helfen dir aber nur, wenn jeder von uns als Belohnung eine Wurst bekommt", lachte der Jüngste.

Benno war einverstanden und nahm sich stillschweigend vor, die drei Würste aus eigener Tasche zu bezahlen. Besser, als seine Anstellung zu verlieren, wäre das allemal.

Die drei Burschen brachten Benno zu einem Lagerhaus, und der Älteste füllte einen ganzen Eimer voll mit Saitlingen. Auf dem Weg zurück zum Wirtshaus erfuhr Benno, dass der jüngste Bruder Bäcker werden wollte, der mittlere Hufschmied und der älteste Schäffler. In die Fußstapfen des Vaters wollte keiner treten. Und, wie sich gleich herausstellen sollte, hatten sie auch wenig Ahnung vom Handwerk ihres Vaters. Denn als Sepp Moser in den Eimer mit Saitlingen schaute, begann er zu schimpfen: „Das sind keine Schafsdärme, das sind Schweinsdärme!"

Aber es half ja nichts. Die hungrigen Mäuler draußen in der Schankstube beschwerten sich und verlangten lautstark nach ihrem Essen. Da füllte Sepp kurzerhand das Kalbsbrät in die Schweinsdärme.

Aus Sorge, die Würste könnten beim Braten platzen, brühte er sie in heißem, aber nicht kochendem Wasser.

Benno musste den Gästen die Würste servieren und sich nicht nur für die Verspätung entschuldigen, sondern auch dafür, dass die Würste anders aussahen als gewohnt. Doch wider Erwarten schmeckten die Würste den Gästen so gut, dass einige sogar eine zweite Portion bestellten.

Da konnte der Moser Sepp seinem Lehrjungen nicht mehr böse sein. Die drei Burschen bekamen ihre Mahlzeit und Benno musste noch nicht einmal dafür bezahlen. Die spendierte der Moser Sepp als Dank. Auch wenn er damals noch nicht ahnen konnte, welchen Siegeszug die Wurst, die er wegen ihrer hellen Farbe Weißwurst taufte, einmal antreten würde.

Auch heute noch weist ein Schild am Marienplatz Nummer 22 auf den Geburtsort der Weißwurst hin, die Sepp Moser am 22. Februar 1857 in seiner Not erfunden haben soll.

Egal, ob es so war oder ob es ähnliche Würste zu der Zeit doch schon gab, sicher ist, dass die Wurst auch heute noch allen am besten mit süßem Senf schmeckt. Der echte Münchner isst sie nicht mit Messer und Gabel, sondern mit den Fingern. Er tunkt sie in den Senf und dann saugt er sie mit dem Mund bissenweise aus der Haut. Das nennt man „Zuzeln".

Traditionell darf die Weißwurst außerdem das 12-Uhr-Läuten nicht hören, sprich, sie soll am Vormittag gegessen werden. So genau braucht ihr das aber heute zum Glück nicht mehr nehmen, denn inzwischen muss man keine Angst mehr haben, dass die Würste bzw. „Würstel" ansonsten verdorben sein könnten, denn heute gibt es ja Kühlschränke! Und Besteck ist zum Essen ebenfalls erlaubt.

Die Wurst ist in München Kult – es soll sogar eine Eisdiele geben, die „Weißwurst-Eis" anbietet ... Wem's schmeckt!?

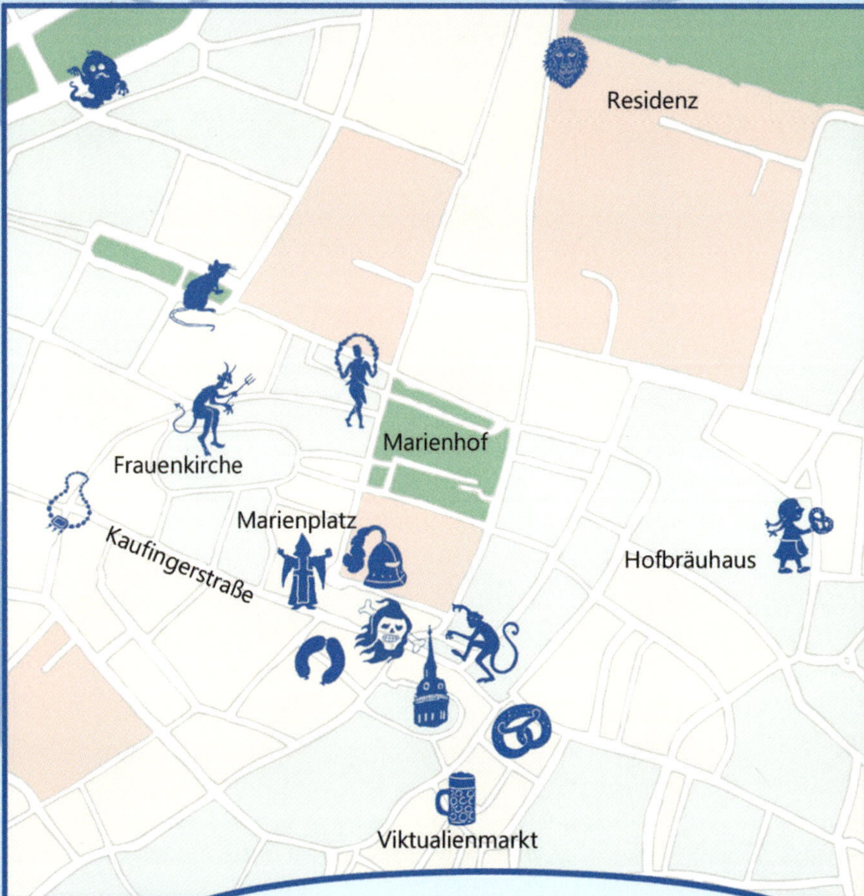

Münchener Märchenorte

Woher der Name München kommt

Der Brückenstreit

Wie Herzog Heinrich seinen Löwen fand

Der Affe vom Alten Hof

Das Annerl und die kleine Brezn

Der Breznreiter

Der Goldschmied beim Schönen Turm

Der Teufelstritt in der Frauenkirche

Die geheimnisvolle Isarnixe

Das Pestgespenst

Der Tanz der Schäffler

Ein Ritterturnier zur Hochzeit

Der Alte Peter